JN189752

新装版

大乗仏典のこころ

花岡大学

法藏館

●大乗仏典のこころ　目次

本書は昭和五十六（一九八一）年刊行の第三刷をオンデマンド印刷で再刊したものである。

序章　大乗仏典とは何か

1　お経の成り立ち

マカダ国のネーランジャラー河のほとり、ガヤーという村にある大きな菩提樹の下で、しずかに坐りつづけていたお釈迦さまは、四十九日目の十二月八日、あかつきの明星がきらきらとかがやきはじめるころ、ついに悟りをひらかれて、ブッダ（仏陀）となられました。おん年、三十五歳のときです。

「成道会」というのは、その記念すべき大きな出来事を、よろこびたたえる日です。

それからお釈迦さまは、その教えをみんなにとき聞かせるために、たいへんなご苦労をされながら、インド各地の旅をつづけられ、おん年八十歳の二月十五日の満月の夜、クシナガラの沙羅双樹の木かげで、泣き悲しむ弟子たちにとりかこまれながら、しずかに息をひきとられました。

「涅槃会」というのは、その悲しみの日を思い出し、仏陀のお徳をしのぶ日です。

四十五年にわたる、お釈迦さまの説法は、「対機説法」といって、聞き手の程度をよくごらんになって、相手にわかるように、あるときはむつかしく説かれ、あるときはやさしく説かれました。

お経は、すべてお釈迦さまの説法の内容だと受け取っていいわけですが、それにさまざまな種類のあるのは、そのときどきに説き方を変えられたからです。

しかしお釈迦さまは、みずから筆をとって、お経をお書きになったわけではなく、ずっと後に、たくさんな弟子たちが、いい伝え、語り伝えられていたお釈迦さまの説法を、パーリ語と、サンスクリット語によって書きとめて出来上ったものです。

2 大乗仏典の種類

お釈迦さまの教えは、大乗と小乗の二つにわけられています。

小乗というのは、その字のとおりに、小さな乗物ということで、ちょうど自転車で目的地へ行くように、自分ひとりで悟りをひらいて仏になればよいとするもので、それに対し、大乗は、ちょうど大きな船のように、自分だけではない、すべての人がいっしょにその船に乗って、仏にならなければならないと考える教えです。

パーリ語で書かれたお経では、その小乗の教えを説いたものが多く、現在、セイロン、ビルマ、タイ、カンボジアなどに伝えられていますが、サンスクリット語で書かれたお経は、大乗の教えを説いたものが多く、現在、ネパール、中央アジア、チベット、中国、朝鮮、日本などに伝えられています。

その言葉は、教えがひろまるにつれて、それぞれの国の言葉に翻訳されたわけですが、日本の仏教は、中国から朝鮮を経て伝えられてきましたので、今、日本で行われているお経は、中国語、すなわち漢文に翻訳されたお経だということになります。

中国では、いろんな時代に、たくさんの翻訳者によって、主として大乗仏典の翻訳が行われたわけですが、中でも羅什、真諦、玄奘、不空などがした漢訳経典が、お経のほんとうの意味を正しく伝えているものとして、重んじられています。

わが国でも、漢訳のお経を、国訳する仕事もすすめられましたが、もともと日本人には、漢文が日常のくらしに密着しているところから、お経といえば漢訳経典というふうに考え、今もそれを平生の勤行に使っているわけです。

聖徳太子は、わが国を「大乗相応の地」と呼ばれ、数多い大乗仏典の中から、「維摩経」「勝鬘経」「法華経」の三つを選ばれて、それを宮中でみずからお説きになり、『三経義疏』といって、その註釈までお書きになったということは、あまねく知られていることですが、そのほかの大乗仏典として名高いものは、「華厳経(けごん)」「般若経(はんにゃ)」「金光明経」「大無量寿経」「観無量寿経」「阿弥陀(あみだ)経」（浄土三部経）などがあります。

それぞれのお経の内容がとてもむつかしい上に、近ごろなじみのうすくなった漢文の言葉、とくにサンスクリット語からの直訳的な言葉の多い、いわゆる「仏教語」といわれるものは、その意味がたいへん深くて、素人にはちょっとわかりかねます。

しかし、それらの大乗仏典には、いったいどういうことが説かれているのかということを、仏教徒といわれる人なら、きっとお知りになりたいと思うにちがいありません。

その望みにお答えしようとするのが、この本の目的なのですが、それを簡単に、だれにでもわかるように書くということは、ずいぶんむつかしいことなのです。

十のことをいわねばならないのに、そのうちの三つぐらいしかいえない、いや三つどころか、その本当の意味は一つもいえなくて、ただ外側からおおまかに、その姿をぼんやりとお知らせするぐらいのことにしか、なりかねないかもしれません。

そんなあぶない気持で、とにかくたくさんある中から上にあげました大乗仏典について、お話をすすめていくことにいたします。

第一章　女人のさとり――勝鬘経

1　信仰に生きる女性のために

勝鬘経のいわれ

まず、いちばんはじめに「勝鬘経（しょうまんぎょう）」についてでありますが、聖徳太子がこのお経を、女帝推古天皇の御前でお説きになったのは、『日本書紀』によりますと、推古（すいこ）天皇の十四年で、場所は今の橘寺（たちばなでら）のところだといわれています。

なぜ天皇の御前での講義に「勝鬘経」を選ばれたのかといいますと、普通のお経といいますものは、お釈迦さまが説法して、たくさんの弟子たちが、それを聞いているという形式をとっていますのに、このお経は、勝鬘という一女性が、お釈迦さまのおゆるしを得て、非常に深い仏教の理想を、信仰に生きる女性として、とうとうと述べているという書き方をしているからにちがいありません。

そのことは、仏教というものは、ひとり頭をまるめた坊さんたちだけのものではなくて、ひろく在家一般の者のための教えとしてひろまっていたことを、物語っているものでしょう。

それでは、勝鬘という人は、どういう人かといいますと、それはお釈迦さまがまだ生きておられたころ、中インドのアユジャ（阿踰闍）という国の、ウショウ（有称）という王さまのお妃であられた方です。

生れつきたいへん美しくて、知慧がすぐれ、やさしい心の持ち主であったそうですが、生れはその国の隣の国、コーサラ（憍薩羅）で、その国の王さまであるハシノク（波斯匿王）と、その妃であるマリ（末利）夫人とのあいだに生れられました。

そのおかあさんのマリ夫人は、これはまたりっぱな人で、この人は、お釈迦さまとおなじカピラ（加毘羅）国の、あまり身分のよい家の生れではありませんでしたが、そのあたたかい思いやりの心をみこまれて、ハシノク王の妃になったわけで、わたしはそのことを「三つの水」という「仏典童話」に書いていますが、そのあらすじを紹介することにしましょう。

花畑の世話係として金持にやとわれて、花畑の世話をしていたマリのところへ（作品では、ショウマンとなっていますが、それはまちがいではなく、マリというのは原語で、シュリー・マーラーということで、漢訳すると勝鬘、すなわち花びらで華鬘をつくるという意味なのです。親子がおなじ名前ということになりますので、おかあさんの方をマリと呼ぶわけです）、ある朝、ハシノク王が通りかかり、金持の屋敷へいって休むことになり、はじめ足を洗う水を求めますと、マリはあたたかいお湯を出し、そのつぎに顔を洗う水を求めますと、ぬるま湯を出し、さらに飲む水を求めますと冷たい水を出しました。ハシノク王が疲れて寝台でやすまれますと、大事な王さまの命を守るために、部屋の窓や戸を閉め、厳重に錠をおろしました。

そんなことから王にみとめられて妃に迎えられることになりましたが、たいへんりこうでよく気がつき、貧しい者や弱い者をいつくしみ、すべてを仏さまの御恩とよろこばれるような方だったので、どちらかというと強暴だったハシノク王もその感化を受け、ともども仏教をよろこびながら、しあわせなくらしをしておられました。

その二人のあいだに生れた娘が勝鬘です。アユジャ国へ嫁にやりましたが、二人は娘のことが気になってならず、何とかして仏さまのよろこびの教えを伝えてやれば、あの子もきっとしあわせになるにちがいないと考え、手紙に教えのあらましを書いて、それを召使いの者に持たせてとどけてやるというところから、「勝鬘経」というお経は、はじまっているのです。

入信のいきさつ

なつかしい親もとから手紙がとどいたのですから、おそらく勝鬘夫人は、よろこびに胸をふるわせながら、それを受けとったにちがいありません。

開いてみますとそこには、やさしい親心をこめて、仏の無量の功徳が、こまごまと書きしるされてありました。

お経には、

「勝鬘、書を得て歓喜し、頂受し、読誦し、受持し、稀有の心を生じて……」

と、書いてありますが、もともとすなおな心の持ち主であった勝鬘は、大よろこびで手紙を読み、読むなり、なんの疑いもいだかないで、親のすすめにしたがって、信心の心を持ち、たぐいなく尊い仏さまの御教化を、一時も早くお受けしたいと願っております。

まったくそれは、汚れのない、至純なひたむきな願いでした。

そのころ、コーサラ国のシャエジョウ（舎衛城）の祇園精舎においでになりましたお釈迦さまは、勝鬘のその心根を見とおされますと、ただちに、

「普く浄光明を放ちて、無比の身を顕示したまふ」

とありますように、空中を飛んで勝鬘の前に光りかがやくそのお姿をあらわされたのです。

まのあたりに、尊いお姿をおがんだ勝鬘とその眷族の者たちは、すっかり感激して、その前にひれふし、心からそのたぐいまれなる仏徳を讃嘆いたしました。

そして、そのいちばん最後のところで、

「なにとぞ仏さまのお力をもって、このわたしをあわれみ護って、お救いください。この世だけではなく、未来永劫にわたって、わたしを摂めとってください」

と、勝鬘は、誠意をこめてお願いいたしました。

その至心の願いは、まっすぐ仏さまのみ心に通じないはずはありません。

仏さまは、すぐに、

「この世だけにかぎったことではない。わたしは久遠のむかしから、おん身たちを護り導いてきておるし、あなたはすでに前の世で、悟りを開いている。これから先、いついつまでも、おん身たちを護りつづけ、けっして見捨てるようなことはしない」

と、お答えになり、過去、現在、未来の三世を通じての力強い保証を与えておられます。

それればかりでなく、仏さまは、勝鬘が仏徳を讃嘆するのを聞かれて、その功徳によって、未来には普光如来という仏さまになるであろうと、予言さえされております。

かくて勝鬘は、こうした不思議な因縁にめぐまれて、今、仏さまの大悲につつまれているだけでなく、遠い過去世から、未来永劫にかけて護り導いていただいている自分に気づかせてもらい、そのよろこびの中で、ひとすじに仏さまに帰依したてまつるのです。

すなわち、「勝鬘経」のはじめの方には、こうした勝鬘夫人の入信のいきさつを述べ、すなおな心で信仰の念をかため、仏さまに絶対に帰依したてまつるとき、すべての人の仏さまになる道が、開かれるのだということを、お示しになっているのです。

ちなみに、仏さまというのは、それに、法身、報身、応身の三身があって、法身というのは、仏さまの本身である法（永遠不滅の真理）をさし、報身とは、仏さまになるための行をつみ、その報いとしての功徳をそなえた仏身をさし、応身とは、その身を一切衆生に示すために歴史世界にあらわれた、たとえばお釈迦さまのような人をさすのです。

ここで「浄光明を放ちて、無比の身を顕示したまふ」という仏さまは、だから法身のことをさしていることは、いうまでもありません。

そこが、もっぱら歴史上のお釈迦さまのことばかりしか説かない、小乗の教えとたいへんちがうところなのです。

十大受の内容

つづいてお経には、あつい信仰にめざめた勝鬘夫人が、広大な仏さまの恩徳に応えるため、日常生活において、仏教徒として、ふみ行わなければならない十種の戒法を、悟りを開くまで堅く守っていくことを、仏さまの御前で、お誓いになったことがしるされております。

それが、みんなによく知られています、名高い「十大受」というもので、その内容を簡単にいいますと、つぎのようなものです。

(一) 今日以後、悟りを開くまで、身や口だけでなく、心においても（身、口、意の三業をさしていいます）、けっして戒めを犯すようなことはいたしません。

(二) もろもろの目上の人に対して、これをあなどり、たかぶるような心（慢）をおこしません。

(三) もろもろの衆生に対して、目下だからといって、わがままをいって腹を立てたり、怒ったりはいたしません。

㈣　他人の姿かたちや、持ち物に対して、それを羨んだり、ねたんだりはいたしません。

㈤　出家の法である教えを慳んだり、在家の法である貨財を慳んだりするような心は、けっして持ちません。

㈥　自分のために、財物をたくわえたりはしませんし、また受けた財物は、みなことごとく、まずしい人たちにわかち与えます。

㈦　布施、愛語といった善行は、自分のために行わず、すべて、みんなのためと思って何の求めるところもなき心をもって、行じていきます。

㈧　もし厄難や困苦に悩む者があれば、しばらくもこれを見逃がすことなく、ただちにその苦しみを、とりのぞいてやるように努めます。

㈨　殺生などの戒めを犯す者があれば、きびしくこれを責めたてたり、やさしく諭したりして、戒法に背く者のないようにいたします。

㈩　いささかも仏の法に背かず、あくまでもその教えに従っていくことを、かたときも忘れるようなことはいたしません。

この十のうち㈠から㈤までは、自分自身のあやまちを防ぎ、悪を止めていこうとする戒法なので、これを「摂律儀戒」と呼び、㈥から㈨までは、利他といって、みんなが救われるために守っていかなければならない戒法なので、これを「摂衆生戒」と呼び、いちばん最後の㈩は、このお経をつらぬく大精神である、「正法を摂受して、終に忘失せず」という誓いなので、これを「摂善法戒」と呼びます。

小乗の戒法は、ただ単に自分が救われるための、止悪と作善にとどまっているのに対して、大乗の戒法は、そのほかに衆生済度という目的を持っているところに、大きなちがいがあり、それだけすぐれた戒法だと、いわねばなりません。

その勝鬘の誓いをお聞きになった仏さまは、天華を雨らし、妙なるお声で「汝が所説の如きは、真実にして異ることなし」と、おっしゃいましたので、そこに居合せた人は、みな歓喜踊躍して、「わたしたちも、勝鬘の誓いの通りにいたします」というと、仏さまは、「そうだ、その願いの通りにするがよい」といって、よろこばれたと、お経には書いてあります。

大乗戒の価値

この勝鬘夫人の「十大受」という誓いは、わたしたち大乗仏教を信ずる者の、日常生活の規範を示されたもので、不断にこれをふみ行っていかなければならない、おごそかな戒めとして、受けとっていかなければならないものであることは、いうまでもありません。

とくにこの大乗戒は、小乗戒が悪行をしないように、自分の行為を護慎するといった、うわべだけの形式をととのえようとしている、皮相な戒法であるにくらべて、もちろん護慎することも大切ですが、それよりもその前に、そういう行為をしないような、心構えを持つことに、重点を置いているという点を、見逃がしてはならないのです。

まごころのこもった護慎によって、その行為は、はじめて清浄になるわけで、したがってここに示されています、勝鬘の「十大受」に、わたしたちが心をこめて順応するところに、大きな意義と、尊い価値が生れてくるわけです。

そういう点から、この勝鬘夫人が仏さまの前で堅く誓った「十大受」を今一度、ひとつひとつしずかに味わってみてください。

2 仏性開顕への努力

三大願ということ

仏さまの御前で、「十大受」を誓った勝鬘夫人は、ひきつづいて「三大願」という、つぎのような三つの大きな願いを、申し述べています。

(一) せっかく仏のみ教えにあわせていただいたのですから、将来いくたび生れ変わろうとも、正法智（真如（しんによ）の道理を知る智慧）を、徹底的に求めていきたいと思います。

㈡ その正法智を得ることが出来たならば、すべての人々に、それを厭うことなく、飽くことなく伝え説きあかすことに努めたいと思います。

㈢ その正法をまちがいなく受けとるために、そしてそれを護持していくためには、この身体、生命、財産のすべてを投げうち、ひたすらに励みたいと思います。

お経にはそのすぐ後に、仏さまがそれをお聞きになって、

「三大願には、さまざまな形であらわされてる、ガンジス河の砂の数ほどに、数多い菩薩の願いのことごとくが、その中にはいっている」

と、述べられ、

「この三願は、真実にして広大なり」

と、おほめになったと書いていますが、仏のみ教えを信ずる者にとって、これは、まことに真摯な大きな願いだといわねばなりません。

つづいて、お経にもそう書いてありますが、この三つの願いをまとめていうと、「正法摂受」ということになるのです。

「正法」というのは、仏さまの説かれた「正しいみ法」、「真如の道理」すなわち「ものの本当の姿」をあきらかにしたものであり、「摂受」とは、文字通りに「摂め受ける」ということで、

いささかもまちがうことなく「そっくり、そのまま受けとる」ということなのです。

そのためには、勝鬘夫人は、財産などはいうにおよばず、身体を投げだし、命をかけても、それを「摂受」したいと願い、そしてその「正法智」を得ることができたら、一切衆生を救済するという利他の志願のために、「無厭心」（飽くことなき、厭うことなき、ひたすらな心）をもって、努めたいと述べているのです。

いうまでもなくそれは、絶対不滅である大乗精神を開顕しようということですが、仏さまの御前で誓った先の「十大受」といい、今の「三大願」といい、内容的には何か女性特有の雰囲気をただよわせながら、底に燃え立つような、「上求菩提、下化衆生」の情熱のみなぎっているのが、感じとられます。

それは、あるいは「たぎり立つ熾烈な信仰心」だといった方が、いいかもしれません。

それが、うら若い、か弱い女性でありながら、どちらかというと、妬心、慢心、邪心のとりこになり易く、因循で姑息な考え方にとらわれがちだという女性のイメージを打ち破り、「正法」の前には、何者をも恐れず屈せず、毅然として堂々の歩みを進めていく姿を、現しているのです。

「勝鬘経」というお経は、詳しい経題を「勝鬘獅子吼一乗大方便方広経」といって、他の多くの経典とその表現形式がちがい、全巻一女性勝鬘の「獅子吼」で終始していることは、すでに述べたとおりです。

「獅子吼」というのは、獅子が吼えると、百獣がこれにひれ伏すような、力強い自信をもって述べているということであり、「一乗」とは、仏果に至る唯一無二の教法ということであり、「大方便」とはしばしば巧みな比喩を用いているということで、「方広」とは、すなわち正しく偏らない、法を説いたお経だということです。

これが、この経題の意味ですが、説き手が女性であるということと、その内容に女性的なものがあるというので、古来からこの経が女性のためのお経、女性の教範のように考えられているのです。

しかしそれはそれで、十分意味のあることといわねばならず、女性の方はその立場から、みずからのためのお経として、素直にこれを渇仰しなければならないと思います。

しかし、「正法摂受」の精神である信仰が、性別によって左右されるはずはないわけですから、この経は、女性に限定されるものではなく、万人の経典であることはいうまでもありません。

正法摂受のみ教え

さて、仏さまから「三大願」を「真実にして広大なり」とほめられた勝鬘夫人は、さっそく、

「わたしの『正法摂受』が、仏さまのみ教えと、すこしもうたがうことのないことを、みんなに説きあかしたいと思いますが、お許しいただけますか」

と、おたずねしますと、仏さまはすぐに、「恣に汝に説くことを聴す」

と、お許しになりましたので、お経はそこから、勝鬘の大獅子吼がはじまるという形式をとっています。

しかし大獅子吼といっても、その内容は「正法摂受」ということを、聞き手に納得のいくような巧妙な比喩を駆使して、あらゆる角度から、詳細綿密にこれを説き明かしたもので、大切な仏教教理といわれるもののすべてにわたっているといえるものですが、その例を一つだけあげてみますと、たとえば、

「摂受正法即ち是れ波羅密なり」

と述べて、「六波羅密」のことを、解明しているごとくであります。

「波羅密」というのは、迷いのこの岸から、悟りのかの岸に至るということで、大乗の菩薩が実践修行しなければならない徳目のことです。

それに六種類ありまして、布施（恵み施すということ）、持戒（教えの掟を守るということ）、忍辱（辱しめに耐え忍ぶということ）、精進（怠ることなく努力するということ）、禅定（心を安定させ、散乱させないこと）、智慧（真実な智慧をひらきあらわすこと）をあげ、お経にも詳しくその内容を説明しています。

すなわち、衆生教化のためには、その必要があるなら、自分の手足を切り捨てて施すことも辞せず、つねに、眼、耳、鼻、舌、身、意の六根を通じて、正しく清浄な心を堅く保ち、いかなる

罵りや辱しめにあっても、顔色ひとつ変えず、これを耐え忍び、いささかもひるみ怠る心もなく、ひたすらに努め、心を救済というところに集中してわき目もふらず、一向専念に励み、そしてそれらの「五波羅密」を完全に行う根拠となる、最後の「般若波羅密」（お経には、この言葉を使っています）である人間の理性を越えた無分別（知るということと、知らないということの対立の分別がないこと）の智慧をひらきあらわし、身につけることによって、その「正法に入らしめる」という大仕事を成就しなければならないといっているのです。

そしてその「六波羅密」ということは、「正法摂受」と別にあるのではなく、みなその一念の中に内包されているものだから、「正法摂受」は、そのまま「六波羅密」のことだと読んでいるのです。

聖徳太子もここのところを、その『義疏』の中で、

「六波羅密の行は、理に当って邪にあらざるが故に正なり、物の軌則となる故に之れ法なり」

と述べて、「六波羅密」が、正法に摂受されることをあきらかにされています。

こんなふうに、勝鬘の獅子吼は、最後に至るまで、仏さまの「威神を承けて」、自己の了解した大乗仏教の極致を、こまごまと説きあかしているわけですが、とりわけ力説していることは、世の善男子、善女人は、ことごとく、悟りを開いて仏になるという「仏性」を具有しているにもかかわらず、無明煩悩にふりまわされて、頼むべからざるを頼んだり、当てにすべからざるもの

を当てにしたりして、いたずらに懊悩苦悶しているが、すみやかに「正法摂受」することによって、その塵埃を払いのけ、解脱涅槃の妙果（仏の境涯）に安住することに、努め励まねばならないということにあるといえます。

このお経は、勝鬘が仏さまにかわって、その所説を代弁しているわけですから、その力説する「正法摂受」ということは、したがってそのまま、久遠劫来無明の闇にさまようわたしたち一切衆生を救済せんがための、ゆきとどいた善巧方便のみ教えとして、つつしみかしこみ、これを拝受しなければならないわけです。

3 あるべき仏教徒の姿

大役おわる　火と燃ゆる信仰心のおのずからなるほとばしりのように、大乗仏教の真髄を、縷々説きつづけ、説きおわった勝鬘夫人は、おつきの者といっしょに、仏さまの足もとにひれ伏されると、仏さまはたいへんおよろこびになって、お経には、

「善い哉、善い哉、勝鬘、甚深の法において、方便を以て守護して非法を降伏すること、善くその宜を得たり。汝已に百千億の仏に親近して、能く此の義を説く」

といって、おほめになったと書いてあります。

おほめの言葉は、べつにむつかしくはありませんが、念のためにもっとくだいてみますと、

「よかった、よかった勝鬘よ、きわまりなく深い法を、巧みな方便を使って説きあかし、法にはずれた考え方をしている悪いやからをなかなか上手に説き伏せることができた。それというのも、お前が、すでに過去において、たくさんな仏に親しくしていて、よろこびの心を胸いっぱいに持っていたからこそ、できたことだ、よかった、よかった」

ということになります。

仏さまのご満足のお心持が、そのお言葉の中に、あらわれているような感じがします。

お経というものは、もともと仏さまがじきじきお説きになった教法であるわけですが、前にも述べましたように、この「勝鬘経」は、他のお経とたいへんちがった形式をとっていて、説法のすべてを勝鬘夫人が、仏さまに代って説きあかし、そのいちいちについて、ただ仏さまは、「それでよし、まちがいない」と、お認めになっているという構成になっています。そして最後にこのご満足のお言葉が、デンと据えられているのですから、勝鬘夫人は最後まで、仏さまの代理を見事につとめあげることが、できたということになります。

そして仏さまがご満足なさるほどに、見事にその代理の説法をなしとげることができたということは、たまたまそうなったのではなくて、仏さまも「汝已に百千億の仏に親近して」とおっしゃっているように、勝鬘夫人はただの一婦人ではなくて、内に熾烈な信仰心をみなぎらせること

によって、仏さまの身近に迫るほどの崇高な人格（菩薩）を具えられた方であったということを、示しているものといわねばなりません。

さて、勝鬘夫人の代弁によって、これで仏さまの説法は終ったわけですので、仏さまは、すぐれたみ光を放って、すべての人をお照しになりながら、高く空中に上られますと、空中を飛んで、あっというまにもとのシャエジョウ（舎衛城）の祇園精舎へ、お帰りになっています。

お経には、そのことを、

「足に虚空を歩み、舎衛国に還りたまふ」

と出ていますが、空中飛行だなどということは、いかにも現実離れのした、非科学的な荒唐無稽な出来事として、仏教を迷妄視する人がいますが、それははなはだ表皮的理解だといわねばなりません。

経典には、そうした表現がしばしば現れるのですが、それはいうまでもなく、仏（法身）というものは、無限の時間と空間にわたっての普遍の実在であって、したがって宇宙に遍満し、いずれのところにも無礙自在に顕現することを象徴しているものなのです。

すこしもおかしくはないわけです。

勝鬘夫人をはじめ、多くのおつきの人たちは、空中をお帰りになる仏さまを、まばたきもしないでじっとみつめ、合掌して、名残りおしげにお見送りしたと、お経には書かれています。

お見送りがすむと、みんなは大きなみ教えにおあいできたことに「踊躍し歓喜して」、口々に仏さまの功徳を讃えながら、城中へ入っていきましたが、勝鬘夫人は、まっすぐに夫の有称王のお部屋へ行き、感激の思いを言葉にこめて、大乗法門のありがたさを、こまごまと話し、国を治め、国を栄えさせていく上にも、仏教精神である「大慈悲心」が、いかに必要であるかを、熱心に説きあかします。もともと有称王自身も、国王などには珍しい素純な性格の持ち主であったところへ、仏さまの代理として見事に獅子吼出来るほどの、尊い仏教的人格を持った勝鬘夫人が、心をこめて感化したのですから、その熱意が通じたのか、たちまち有称王も感応し、共々に仏のみ教えを心からよろこぶ身になりました。そして二人は心を合せて、有称王は国内の七歳以上の男子を、勝鬘夫人は七歳以上の女子を、それぞれ大乗法門を以って熱心に教化し、お経には、

「国を挙げて人民皆大乗に向いましき」

とあるように、大乗の教義一色にぬりつぶした、強力な阿踰闍国を、作りあげているのです。いいかえると、それは大いなる「慈悲の心」を指標とした、国民精神の一大浄化運動だといってよく、まことに刮目すべき壮挙だといわねばなりません。

すなわち、すでに「三大願」のところでも述べており、それが大乗仏教の大乗仏教たる所以でもあるのですが、一国の王妃として、あるいは一家庭の主婦として、多忙な日常生活の中にあり

ながら、勝鬘夫人は、命をかけて「正法摂受」のよろこびを、みずからの信仰として、じっと護持しているに止まらず、まずそれをいちばん身近な夫である王に伝え、自分と同じ「正法智」に導入すると、さらにそれを厭うことなく、飽くことなく、国内の七歳以上の男子、女子、つまりすべての国民におし広げ、その精神の浄化をはかったというわけです。

もちろん「正法摂受」には、一切衆生救済の利他の志願がこめられているのが当然だとはいえ、主婦の座にありながら、みずからの信仰を、社会、国家の浄化にまで「無厭心」を以って、おし広められたということは、一主婦としてだけでなく、仏教徒としての「あるべき姿」を示されているものとして、心をこめて渇仰しなければならないと思うのです。聖徳太子が、みずからの法名を「仏子勝鬘」とされたといわれていますのも、いうまでもなく、その渇仰の心のあらわれといわねばなりません。

わたしたちと勝鬘経

女帝推古天皇は、聖徳太子からのこの「勝鬘経」の講義を受けられたわけですが、その講義のとき太子がかむっておられた宝冠に、日、月、星の三つの光がやどって燦然と光りかがやいていたということや、その満講の夜には、天からたとえようもない香気を放つ蓮華の花びらが、雨のように降りそそいで、たちまち地面を埋めつくしたというような、不思議な出来事が起ったなどと伝えられていますが、とりもなおさずそれは、「勝鬘経」というお経の稀有のありがたさを讃えた心持のあらわれです。

推古帝も、それが同性の尊厳な獅子吼であるだけに、痛く感動されて、お礼として太子に、播摩の国の水田百町歩を賜ったと、『日本書紀』に書かれていますが、太子はそれによって、わが国が世界に誇ることのできる、最古の文化財としての、名高い法隆寺の大伽監や、すぐそばの中宮尼寺などをお建てになったといわれています。

さらに勝鬘夫人が、仏の前でお誓いになった、「十大受」や「三大願」の精神、特に「十大受」の㈥から㈨までの願いは、「摂衆生戒」と呼ばれて、衆生救済のために、積極的に社会的活動をしようとする、大切な利他の誓願ですが、その大誓願にもとづいて、聖徳太子は帝の命を得て、四天王寺に付随して、敬田院、悲田院、施薬院といった社会施設を造られたということは、すでに御存じの通りです。

施薬院は、さまざまな薬草を栽培して、病に応じてこれを病人に与える仕事を受け持ちましたが、これを「勝鬘経」講讃にちなんで、「勝鬘院」と名づけられていました。

太子を中心として、このように社会救済事業の広がりを持ち、その時代に大きな影響を与えましたが、以上ごく大まかに述べた「勝鬘経」が開顕する大乗精神というものは、現代の世相が、極度の混迷の中にあるだけに、そこに生きるわたしたちめいめいこそ、今しずかにその経意に目を見張り、耳をそばだて、見聞深思(けんもんしんし)し、その精神を生かさなければならないのではないでしょうか。

めいめいの心に照して、その今日的問題に対決し、「あるべき仏教徒の姿」を、真剣に学びとってほしいものであります。

第二章　実践への道――維摩経

1　大乗仏教へ導くために

国民経典として

たくさんある大乗仏典の中で、先に述べた「勝鬘経」もそうですが、ここにとりあげる「維摩経」もわが国では古くからみんなに親しまれ、よく読まれ、したがって国民精神の上に大きな影響を与えた経巻の一つだということができるでしょう。

なぜ、みんなから親しまれ、よく読まれたのかということについては、つぎの三つの理由があげられるのではないかと思われます。

その一つは、このお経は三巻から成り立っているそんなに長いものではありませんが、構成がきわめてドラマチックにできていて、しかも表現が適確なので、興味深く読めるからだということです。

もちろん、いくら表現が流麗であるといってもそれはむつかしい仏教用語を巧妙に駆使しているということであって、小説などを読むような平易さを意味しているものではなく、さらに問題は、大乗の根本精神を解明しようとするものですから、わたしたちにとっては、専門家の解説なしにスラッと理解できないものであることは、いうまでもありません。

しかし、そういう助けを借りて読むなら、じつにすぐれたおもしろいお経であるということについては、武者小路実篤氏がその著『維摩経』（角川文庫版）の中で、つぎのようにいっている言葉を引用して、説明にかえさせていただきます。

「この経の特色は、もとより内容にあるが、その内容を表現させるためにとった形が、じつに注意ぶかく、ぬけ目がない上に、一種の調子がある。決して説教のために、事実をならべたのではない。内から出る調子で、事件も生れ、説教も生れている。そこに僕は感心するのだ。たしかにこの作者は、詩人である。書きたいものが内の底から生れていて、聞き覚えではなく、全体が一丸になって流れる処に流れている。だから、その経は一つの創作と見ることができ、しかもきわめて高き調子の創作である」

経典というものは、どちらかというと、説教に重みがかかるのが当然だといえますが、その中でそれが一つの創作（文学作品）にまで昇華されているということは、稀有なことであり、それが「維摩経」の魅力となって、ひろくみんなをひきつけたといえるわけです。

第二の理由としては、このお経に必要な専門家の解説として、聖徳太子が「勝鬘経」と「法華経」の宮中での進講につづいて、「維摩経」の註釈を作られ、いわゆる「上宮御製疏」として名高い『三経義疏』を選述されたということです。

「維摩経」は、他の二経とちがって、文献の上では、たしかに宮講されたというような記録はないのです。

しかしそのことは別として、現にその註疏が残されているのですから、それが太子によって作られたことにまちがいはなく、以後あるいは大極殿の御斉会、薬師寺の最勝会、興福寺の維摩会を三大勅会として、上代よりそれがひきつづき行われ、そこで「維摩経」を講説すると、その功徳によって、無量の利益があるといった信仰が生れて、盛んにそのお経の講義が行われたりして、このお経が国民経典として、幅広くみんなの上に、浸透していったものと考えられます。

第三の理由は、「勝鬘経」がすでに述べたように、勝鬘という妙齢の一婦人を主人公として、その信仰告白を中心に述べられた経典なのに対して、「維摩経」は、男性の理想像としての維摩という「居士」を中心として、その崇高なる人格と、卓抜な識見を通じて、大乗の真髄を説いた経典であるということです。

「居士」というのは、仏法を学ぶために家を出た、いわゆる出家、つまり僧侶ではなくて、在家にあって、主として商工業に従事しながら仏教信仰に生きている男性のことです。このお経が、その主演者に僧侶を置かず、「居士」を据えているのは、「勝鬘経」における勝鬘夫人と同じように、きわめて意味深いものがあるといわねばなりません。

すなわち大乗仏教というものは、形の上で僧形をとっているという、特殊な者だけが独占するというような、偏狭なものではなくて、形などのり越え、囚われることなく、あらゆる階層の人人の上に、かかわりあいを持つ、普遍的な広さを持つものであることを物語っているということです。

聖徳太子が、特にこのお経を講讃された精神も、そこにあったことは、いうまでもなく、またそのことが、このお経が国民のあいだに広く読まれ、親しまれた大きな原因になったといえると思うのです。

鳩摩羅什の訳本

「維摩経」が、いつ成立したかということについては、はっきりしたことはわかっていないそうですが、いろいろな点から、だいたい西紀一世紀ごろであろうということになっています。

しかし、その「原本」は、すでに失われて現在伝っていませんが、原本からの直接翻訳だというチベット訳があり、それは「西蔵大経」の中に収められています。

しかしわが国で読まれている「維摩経」は、いうまでもなく中国語訳で、それには何種類かがあったようですが、現存しているのは、呉の時代（二二三—二五三）に支謙という人によって翻訳された「維摩詰経」（または、「仏法普入道門三昧経」）という二巻本と、姚秦の弘始八年（四〇六）名翻訳家として名高い鳩摩羅什（くまらじゅう）によって翻訳された「維摩詰所説経」（または、「不思議解説経」）という三巻本と、唐の高宗の永徽元年（六五〇）、これも翻訳の大家である玄奘（げんじょう）による「説無垢称経（むくしょう）」という六巻本の三種類があります。

そしてそれぞれ、「古訳」、「旧訳」、「新訳」と呼ばれていますが、書写された原本の相異によって、特異点があるものの、古来「旧訳」と「新訳」が、すぐれているといわれています。

しかし、特に天才的な文才があったといわれる鳩摩羅什の訳文は、まことに珠玉の漢語を、巧みに駆使した名文で、もちろん原本における劇的構成による、場面転換のおもしろさがあってのことですが、その表現の適確さと、流麗さによって、それを文学作品にまで結晶させたものは、ひとえに彼の訳文技術の卓抜さによるものといっていいわけで、わが国の人たちに親しまれ、よく読まれたものは、その大部分が「維摩詰所説経」であったということができます。

維摩詰というのは、梵（ぼん）語のヴィアーラキールテイというのを、そのまま漢字に音訳したものであり、意訳すると「浄名」とか「無垢称」とかいうことで、その人格が円満高潔で、理想的人間であったことを示しているものです。

したがって維摩は、その略称といっていいでしょう。

お経の第二の「方便品」のはじめに出ている維摩についての説明によると、彼は毘耶離（ヴァイシャリ）という市に住んでいた大富豪の、篤信の「居士」で、永く数多くの仏たちを供養するという、菩薩の修行を積むことによって、弁舌きわめてさわやかで、巧みにこれを説得する力を持っていたということです。

そればかりでなく、一切のことをよく知っており、もろもろの法門に通達していたので、その深い智慧によって、有効な「方便」を用いて、やわらかく人々を教化し、相手が何をのぞんでいるかというようなことも、手にとるように了解して、その理解の程度をよく見分けて、海のように大きな心で、みんなを抱擁して救わないものがなかったので、諸仏は彼を讃嘆し、帝釈天をはじめ四天王やもろもろの天人は、最高の大菩薩としてこれを尊敬したと書かれていますが、とにかく仏在世当時の、ずばぬけた第一人者であったというわけです。

その維摩が、小乗教の世界に蠢動する仏弟子たちを、いちはやく大乗教の世界に誘引するために、いわゆる善巧方便として仮病を使ってこれを引き寄せて、大乗教理を綿々と説き聞かせるというのが、この「維摩経」の目的です。

その舞台構成が、いわゆる「三会」といって、「菴羅樹園」と「維摩の居室」と、再び「菴羅樹園」の三場面に分け、人物配置も興味深く、その上に、深い教理を劇的に展開させていくところに、この経典のたぐいまれなる創作的おもしろさが、最初に引用いたしました武者小路実篤氏の言葉にもあったように、きわめて高い調子で「全体が一丸となって流れている」といった、きわめてすぐれた経典になっているのでず。

2 維摩の仮病と十大弟子

自在な描写と仏の真意

まるで、一篇の戯曲のような劇的描成を持っている「維摩経」は、その第一場面を「菴羅樹園の場」として開幕します。

場所はガンジス河の支流で、ヒラニャヴィライ河（今のガンダク河）の下流の東岸にある毘耶離（今のバサル）という市の郊外にあたります。

「菴羅樹」というのは、インドにはどこにでもある漆樹科の喬木で、普通マンゴ樹と呼ばれているものですが、そのこんもり茂った樹林が舞台背景というわけで、幕が開くとお釈迦さまは、集まってきた大衆を前に、いよいよ説法を始めようとしておられるのです。

お経には、その大衆を区別して、八千の僧侶尼僧、三万二千の在家の信者、一万の波羅門教徒、一万二千の帝釈天などの神々、その他数えきれない仏教教団員以外の人たちというように、とても想像も出来ないほどの数をあげています。

そこへちょうど、毘耶離市の大富豪の息子である宝積が五百人の富豪の青年をひきつれて駆けつけてくると、それぞれ持ってきた金、銀、瑠璃、瑪瑙などをちりばめた絢爛豪華な傘を、うやうやしく献供します。

するとお釈迦さまは、不思議な力をあらわして、それらの傘をみるみるうちに一大宝傘にし、三千大千世界を蔽いつくされましたので、全世界の万有の諸相がすべてその中に現れて見えました。

目のあたりにお釈迦さまの神秘的な能力をみた大衆は、いまさらのようにその偉大さに驚き、心から合掌してその説法を聞こうとしたというのが、このお経の書き出しです。

なにごとも科学的な尺度でしか理解できない人の多い現代では、あげられている大衆の数字が、いたずらに膨大で、場所的にもそんな人数が集ることが不可能じゃないかとか、五百の宝傘を一つにして一大宝傘をつくり、宇宙をことごとくその中に顕現させるなんて、荒唐無稽な妄想だと受けとられるかもしれません。

しかし、そんな受けとり方は表皮的な理解で、誇大に見える数字は、誇大であればあるほど、仏の説く教えが絶対的な普遍的な真理であることを象徴しているのです。

五百人の富豪の青年が、七宝をちりばめた宝傘を献供するとは、それぞれの我執を捨てて、仏に帰依することを暗喩したもので、お釈迦さまが、それを合せて一大宝傘をつくったということは、区々それぞれの現象は、究極において唯一絶対の真理に帰一するもので、決して彼此差別のあるものでないことを現したものなのです。

こういう記述の仕方は、インドにおける経典の特色的な表現法で、むしろそうした奔放自在な描き方から、いかにも大乗教的なものがにじみ出ているといえます。

そう受けとらねば、経典は解りません。

開幕劈頭の舞台としても、これはまことに規模雄大ではありませんか。

見舞いという方便をかりて

さて、お経は深い哲理を含んだ宝積の仏讃嘆の朗唱があって、いよいよお釈迦さまの説法がはじまりますが、その大切な会座に維摩の姿が見えません。

すでに述べたように、病気欠席なのですが、それは善巧方便の仮病であって、それによって見舞客を引き寄せ、病気にことよせて、仏の真理を説き開かせようとしたのです。

なんといっても大富豪であり、「居士」ながら篤信（とくしん）の長老として尊信を集めていましたので、国王、大臣、役人、富豪仲間など、ぞろぞろと見舞いにやってきましたが、一番目当てにしている小乗教の仏弟子が現れないので維摩は病床にありながら、

「わたしが病気だというのに、お釈迦さまはどうしてお見舞いくださらないのだろうか」

と、考えました。

いうまでもなくお釈迦さまは、遠く離れていても、維摩の仮病もよく知っておられましたが、今、病床で維摩がそんなふうに考えていることをお知りになりますと、さっそく誰かを見舞にやらせようと、会座につらなっている仏弟子たちを見まわされて、舎利弗（しゃりほつ）を呼び、

「これから維摩のところへ、病気見舞にいってきなさい」

と、おいいつけになりました。

ところが、仏弟子中智慧第一といわれている舎利弗は、柄にもなくあわてて、

「せっかくのお言葉ですが、わたしはあの人が苦手で、とてもお見舞いなどという役目が果たされそうにありませんから、その儀だけはおゆるしください」

といって、辞退しました。

そこでお釈迦さまは、今度は神通力第一の目犍連にいいつけますと、目犍連も同様、

「それだけは、ごかんべんください」

とことわります。

つぎに、修業第一の迦葉、空の哲理体得の第一人者須菩提、説教第一の富楼那、伝道第一の摩訶迦旃延、洞察力第一の阿那律、戒律第一の優波離、お釈迦さまの子どもで実行力第一の羅睺羅、誠実第一の阿難、これでいわゆるお釈迦さまの十大弟子と呼ばれる人たち全部ですが、いずれも辞退して、おいいつけを受けようとはしないのです。

なぜ、みんなはそんなに維摩を避けようとするのでしょうか。

もちろん一人一人にその理由があるわけで、お経にはいちいちそれをあきらかにしています。が、各人に共通していえることは、要するに彼らが解智して誇りとしている小乗思想が、いかに仏の真意にもとるものであるかを、維摩の巧妙適切な説得を通じてあきらかにし、いちはやく大

乗精神に帰すべきことをすすめているもので、単なる小乗罵倒(ばとう)という形をとっていないところに、このお経の味わい深さがあります。

つまり個々について、ある場合には、皮肉で辛辣(しんらつ)な説得を受けていますので、居士維摩の前に十大弟子はことごとく頭があがらなかったというわけで、すっかり恐れをなして辞退したということになります。

その説得のされ方は、じつにおもしろいのですが、いちいちあげることができませんので、一つだけ舎利弗の場合を書いてみましょう。

舎利弗への痛烈な叱咤

あるとき舎利弗は、静かな山中を選んで、木の下で坐禅をしていたことがありました。

するとそこへ、たまたま維摩が通りかかって、

「舎利弗さん、そんなところで何をしておいでじゃな」

と、声をかけました。

聞くまでもなく、見ればわかることなのに、わざわざそんな聞き方をするところに、維摩の辛辣な皮肉があるわけです。

「坐禅していますよ」

と、さすがの舎利弗もすこしムッとして答えると、維摩はやや揶揄(やゆ)するような調子で、しかも

断固としたいい方で、

「静かなところを選んで、じっと動かずに坐っていることが坐禅ですか。やかましいところでは、心が乱れるというので、静かなところを選んだのでしょうが、そんな『静』とか『喧』とかいうようなことに、こだわっているような心では、坐禅などできるものではないですよ。大体、坐禅というものは、何ものにも囚われることのない自由を、身につけることです。あなたはそれで、俗世間から離れて、ひとり静かに坐禅しているつもりかもしれませんが、本当の坐禅は、心をきっぱりと俗世間から離れながら、しかもその離れたことにも囚われないで、淡々と俗世間のことができることですよ。あなたは行いすまして煩悩を断じ、涅槃の境に達しようとなさっているようですが、煩悩を断ぜずして涅槃を得る、すなわち煩悩の本性は涅槃なんですから、煩悩をそのまま涅槃に転ずるということが、坐禅というものなのです。東に向う足と西に向う足と、足に二通りあるわけではなく、一つの足の向け方で東にも西にもなるのです。

東に行く足を切って、西に向く足とつけかえるのではないのです。そのことをよく知ることこそ、坐禅じゃないですか。上っ面だけの真似事をやっておられたのでは、仏さまは泣かれますよ」と、いいました。（野村耀昌著『維摩経』参照）

まことに痛烈な叱咤であり、舎利弗は一句もなく、維摩の解智の足もとにも及ばない自分が、芯にこたえてわかり、とてもそんなこわい人のそばへ、見舞いになど行けないと辞退したというのです。

他の九人の小乗の弟子たちにも、それぞれに異った維摩からの説得があり、誰もその役目の引き受け手がないので、お釈迦さまは仕方なく、今度は大乗の菩薩たちに、それを要請することになります。

3　世紀の大対談を前にして

大乗の菩薩を名指して

大乗の菩薩たちを見わたし、お釈迦さまが第一番目に声をかけられたのは、弥勒菩薩です。

弥勒菩薩といえば、古くから造像の対象となっていて、特に飛鳥時代の半跏(はんか)像の弥勤思惟(しゆい)仏としての広隆寺の宝冠(ほうかん)、宝髪(ほうけい)の二体、中宮寺本尊の木像、野中寺の金銅仏などという傑作があることから、その名前は、誰知らぬ者がないというほどに広く知れわたり、親しまれています。

しかしそれらの仏像は、いずれも仏格を与えられて「仏」になった、いわゆる「弥勒仏」としての像で、ここでいう弥勒菩薩はそれを指すのではなく、今、現にお釈迦さまの前に坐っている実在人としての弥勒菩薩のことなのです。

弥勒は、南天竺(てんじく)の波羅門(ばらもん)の家に生まれ、名前を阿逸多(あいった)といいましたが、菩薩となって、お釈迦さまについて仏になると予言されていましたから、補処菩薩ともいわれました。

すなわち、この世では菩薩として、兜率天（天の内院で将来、仏となるべき菩薩の住処とされているところ）で、天人のために説法していますが、お釈迦さまに先立って入滅して天上界に生まれ（兜率天）、天人の寿命は四千歳なので（その一昼夜は、人間界でいえば五十五億七千万年という、気が遠くなるような年数になります）、それが尽きると再び人間に下生して、竜華樹の下で成仏すると決っているほどの、すぐれた菩薩であるわけです。

ところがそんな弥勒菩薩でさえ、かつて維摩につかまって、

「あなたは未来に『仏』に『なる』という予言を与えられた人だということですが、『なる』とか『ならない』とかいう考え方を超越しなければ、仏の境地を理解することはできませんよ」

などと、手きびしい説教をされたことがありましたので、

「あの人のおっしゃることは、まことに理路整然とした立派なもので、私ごときもの、とてもそばへも寄りつく資格はなく、病気見舞いの役目など果たせそうにございません」

といって、断っているのです。

そこで第二番目には、在家の独身の青年で、光厳童子と呼ばれていた光厳菩薩という俊才に行くことをすすめますが、彼もまた、以前、維摩から大乗仏教の奥義を諄々と説き開かされた経験があり、すっかりその偉大さに感服畏敬していましたので、これも早々に辞退してしまいました。

第三番目にお釈迦さまは、「出家の菩薩、またこれ法身の大士にして尊位をつぐ者」といわれている持世菩薩にお言いつけになりますが、この菩薩も手を振って、即座にお断りしてしまうのです。

その断った理由が、ドラマチックで、なかなかおもしろいので、ほんのすじがきだけを書いてみると、こうです。

あるとき、持世菩薩が、静室で黙想していますと、悪魔が大勢の天女を引きつれてきて、

「この天女たちをもらってくれ」

というので、持世菩薩は、

「とんでもない。私は仏弟子ですよ。そんなものをもらうことはできません」

と、答えます。

するとそこへ、どこからともなく維摩が現れ、

「その天女たちを、私にください」

と、いいました。

悪魔は、維摩のこだわりのない申し出に恐れをなし、天女を置いて逃げ去りましたので、維摩は天女たちに向って、

「あなたたちは、何よりもまず、仏に帰依する心を持たねばならない」

といって、かみくだいて法を説き聞かせましたので、天女たちはたちまち求道心を起しました。

悪魔は、その様子を見ていて、あわてて、

「おい、みんな、悪魔の宮殿に帰ろうよ」

と、呼びかけますが、天女たちはそれに応じようとはしません。

そこで維摩は、

「仏教では、『無尽燈』ということを説いていますが、それは例えていうと、一つの燈で百千の燈に火をつけるようなものです。あなたたちの得た道心の燈で、魔宮にいる無数の天女たちの心に火をつけていくことこそ、仏恩に報いることになるのですから、さあお帰りなさい」

といいますと、天女たちは、維摩の足を礼拝して、悪魔に従って帰っていったというのです。

その維摩の教化、智慧、弁才の自在さを眼のあたりにみたので、私などの出る幕ではないと思いますので、ごかんべん願いますと、持世菩薩はいうのですが、いうまでもなくこの話に、大乗教理の真髄が、巧みに点綴されています。

さて、そのつぎに指名されたのは、舎衛国の長者で、祇園精舎という立派な修行道場を造って、お釈迦さまにさし上げた給孤独という在家の菩薩ですが、彼もまたすぐに、

「とても私などに、代表者らしく病気見舞を申し上げる資格はございません」

といって、そのわけを、こう話しました。

「かつて私は、七日間の大施会を設け、広く一般に布施、供養を行いましたが、そのとき維摩さまから、小乗仏教の人は、自分が悟りを開く手段として布施をするが、それはまちがいで、布施の心というものは、自分も仏の道を求めるとともに、一般の人をも同行者になってもらうことを念願するところに、おのずからに生れてくるものであり、したがってその結果として得られる利益などを、いささかも予測してたり求めたりしてはならないものですと、心にしみるようなお叱りを受けたからです」

仕方なくお釈迦さまは、その他の大乗の菩薩たちにも当たられましたが、まったく異口同音、維摩を敬遠して、誰ひとりその役目を引き受ける者はいませんでした。

そこで最後に、文殊菩薩が選ばれることになるわけです。

維摩の居室への舞台転換

文殊菩薩とは、文殊師利、曼殊宝利ともいわれ、お釈迦さまの相続者と目されているところから、法王子などとも呼ばれている人です。

「行」を司る普賢菩薩とともに、手に剣を持ち、獅子にまたがって、つねにお釈迦さまの脇侍となって、「智」と「慧」を司っているとされていて、大乗の菩薩中、智解第一と讃えられている方です。

お釈迦さまから行ってこいといわれますと、文殊菩薩は静かにほほえみを浮かべ、「あの人は、智慧といい、弁才といい、神通といい、教化といい、法式といい、仏の教えにまつわるすべてのことを会得しておられるので、応対して対談するのには、まことに骨の折れる方ですが、仰せとあらばいたしかたがございません。み心に従って彼の処へ行き、病気見舞を申し上げることにいたします」

と、承諾いたしました。

さあ、それを聞いて、お釈迦さまのまわりに集まっていた人たちは、

「これは、たいへんなことになったぞ」

と、さわぎたてました。

何といいましても、片方は学徳最勝の居士、その相手が智解第一の菩薩といった、さながら竜(りゅう)虎(こ)の組み合せですから、風を起こし、雲を巻いての大論議が展開するにちがいないと、予想されたからです。

まさに「世紀の大対談、これを見のがすことはできない」というわけで、ただちに八千人の大乗求道者たち、五百人の小乗の修行者たち、五千人の天女たちが、そろって文殊菩薩に随行することを申し出ました。

その中には、先に一人ではとても使いにいけないと断わった舎利弗、目犍連なども加わっていました。

文殊菩薩は、そういうものすごい数の人たちにとり囲まれながら、いよいよ毘耶離(ヴァイシャリ)の市にある、

ります。

維摩の方丈にのりこんでいくことになり、ここで舞台は「維摩の居室」の場に転換することにな

維摩の居室は、一丈（三、〇三メートル）四方あり、これを方丈というわけですが、大体四畳半ぐらいの手狭な部屋で、そんなところへぞろぞろと一万数千人の人がおしかけていって、一体どうなるのだと、ここでも膨大な数にひっかかるかもしれませんが、先にも述べましたように、これは仏教経典の特色的表現法で、特にこのお経では、これからも奇怪な不思議さがつぎつぎと現れ、一名「不可思議解脱法門経」とも呼ばれるほどですが、返ってそこに大乗教の深甚の妙趣がただよってきて、それこそ不思議な魅力となるものです。

さて、第二場「維摩の居室」の舞台装置ですが、維摩は神通力で、文殊菩薩が大勢の人を従えて、市の城門に入ってくるのを知りますと、さっそく神秘的な力によって部屋の中の調度品のすべてをとりかたずけ、召使いたちのすべてを遠くしりぞけ、部屋の中をからっぽにしてしまいます。

ただひとつ仮病の維摩が横臥する寝台だけを残してあり、維摩はその上に静かに横になると、一行の到着を今や遅しと待ちうけているというところで、チョンチョンと拍子木がはいって、幕が開くというわけです。

部屋の中が、からっぽだということは、一切皆空、何者にも執着すべきでないということを象

徴していることは、いうまでもありません。

4　舌端火を吐く問答

菩薩の病気は大悲から

文殊菩薩が、大勢の人たちを従えて、維摩の方丈にはいると、寝台に寝たままの維摩は、「やあ、文殊師利さん、よく来てくれましたね」と、元気に声をかけ、つづけていいました。「しかし、あなたが来られたということは、来るとか、来ないとかいったことに、こだわらずに来られたのであり、お目にかかったということは、お目にかかれるとか、かかれないとかいったことに、とらわれずに、お目にかかったのでしょう。そうでしょう、文殊師利さん」

なんといいましても、一方は当時の思想界の最高峰と呼ばれる維摩、一方は大乗菩薩中で、智解第一と謳われる文殊菩薩の対決ですから、普通のやりとりでないのはあたり前ですが、しかし最初から、これはなんとも奇妙な挨拶です。

いうまでもなく、それは、諸法実相、万物一如の大乗仏教思想の理念からいいますと、すべてのものは平等無差で、相対差別の隔てはなく、したがって、「来」も「不来」もない、「見」（お目にかかること）も「不見」もないわけで、今「来られた」のは、その旨を踏えて「来られた」

のでしょうという、意味のことをいっているのです。

もうすこしわかり易い「円周の例」をあげて申しますと、「円周」には、元来始めもなければ終りもなく、したがって右とか左とかの区別もつけられません。

そこでかりに一尺右へ歩み寄ったといっても、本人は寄ったつもりかもしれませんが、「円周」からいえば、その人はちっとも右へ寄っているのではありません。

一尺左へ歩み寄ったというのも同じことで、ちっとも左へ寄ってはいないというわけです。

（深浦正文著『仏教文学物語』参照）

ところが凡夫は、相対差別にとらわれ「寄った」という偏執（へんしつ）の妄見（もうけん）から離れられないものですから、「もちろんあなたは、深く実相の妙理に徹して、おいでになったのでしょうね」といっているわけで、いささか高飛車に挑みかかった、維摩の第一声だと見ていいでしょう。

だが、そんなことにすこしもあわてないで、文殊師利は悠々として、

「そのとおりです、維摩さん、『来た』といいましても、『来ない』ということを孕（はら）んだ『来かた』ですし、『見た』といいましても、それは、『見ない』ということを孕んだ『見かた』ですから、真実『来た』といいましても、結局『来た』ことではなく、真実『見た』といいましても、結局、『見た』ことではありません」

と答え、話題を一転させて、

「そんなことより、御病気はいかがですか。お釈迦さまも、たいへん心配しておられます。御病気のもとは、なんですか。どうすればなおりますか」

と、たずねます。

維摩は、

「菩薩の病気は、大悲から起るのです。一切衆生は、智と愛着とによって、みんな病気にかかっています。それが、つねに一切衆生とともにある、わたしの病気のもとです。だから一切衆生を教化し、救済しなければ、わたしの病気はなおりません」

と答えますが、それがきっかけとなって、主として深遠幽玄な大乗の「空」の思想についての、舌端火花を発する問答が延々とくりひろげられます。

問題は、文殊師利が質問し、維摩がこれに答えるという形式で進めていますが、それはお互に相手を、いい負かせてやろうなどと考えて論戦しているのではなく、ついてきたたくさんな人々に、大乗仏教の哲理を、誤るところなく理解してもらい、ともどもに真理の道を歩みたいという悲願によって、行っているものなのです。

ところが、その内容はむつかしく、上智の菩薩たちは、深くうなずいて耳を傾けていましたが、下智の声聞以下の弟子たちは、とてもついてはいけず、そろそろ退屈して、心の中で勝手なことを思いはじめました。

それをいち早く見抜いた維摩は、そばにいた舎利弗(しゃりほつ)を槍玉(やりだま)にあげるのです。

小乗では、智慧第一といわれる舎利弗も、気の毒にこのお経では、しばしば維摩の矢面(やおもて)に立たされて、揶揄翻弄(やゆほんろう)されています。

俎上の舎利弗

問題の内容がわからぬまま舎利弗は、つい、

(こんな小部屋だし、椅子ひとつないが、みんなはどこへ坐るのかな)

と、思ったのですが、それを維摩に見抜かれ、

「舎利弗さん、あなたは法を聞こうとして、ここへ来られたのかな。それとも椅子にかけたくて来られたのかな」

と、パシッとやられたというわけです。

舎利弗は、すっかりあわてて、

「はい、わたしは法を求めるためにまいりました。決して椅子にかけるために来たのではありません」

と、答えますと、維摩は、

「それなら、よけいなことを思わないで、一心に聞かねばなりません。真剣に法を求める者は、その身命すらなげうってかえりみないものです」

といって、それをきっかけに、求法のきびしさを縷々(るる)として説きあかします。

維摩の峻烈辛辣な叱咤の前に、さすがの舎利弗も頭があがらず、身体をちいさくしますが、維摩はそんなことでは許してくれません。

お経には、維摩はただちに不思議な神通力をあらわして、測り知ることのできないほど遠くにある須弥相国の須弥燈王から、高さ八万四千由旬もある、すばらしい立派な装飾の施された椅子を、三万二千も借りてきて、一瞬の間に、一丈（三、〇三メートル）四方の方丈に納め入れてしまったと書いてあります。

一由旬は、現在の長さに換算しますと、およそ十四キロメートルに当るのだそうですから、一つの椅子の高さは、約百二十一万キロメートルというような、まったく想像を絶するような高さになるわけです。

しかもその椅子が、三万二千個というのですから、それも思い描くことのできないほどの、おびただしい数ですが、それが三、〇三メートル四方の維摩の方丈に、部屋を拡げもせず、椅子を縮めもしないで、すっぽり納ってしまったというのですから、こんな不思議なことはありません。

科学的な頭というか、差別の偏執の妄見にとらわれているというか、そういう頭では、到底理解できないところで、これこそが大乗仏教の広略相入の妙致であり思議すべからざる真理把握の境地といわねばなりません。

たいへん名高い「芥子に須弥山（世界中でいちばん大きな山）を納め、一つの毛穴に、四つの海の水を入れることができる」という比喩譚は、そのことをあらわしたものです。

その不思議な現象を、まのあたりに見たみんなが、ただ呆然とつっ立っていますと、維摩は、

「さあ、どうぞ、みなさん、その椅子におかけください」

と、声をかけました。

すでに十分に修業をつんで、神秘的な力を持つようになっている上智の菩薩たちは、そのとてつもない高さの椅子に、楽々とかけることができましたが、自分が真理を体得することにかまけて、他の人のことなどかまっていられない下智の声聞以下の者（小乗の教えに執われている者）は、そんな高いところへかけることができないので、顔を見合わせて困っていました。

その中には、もちろん舎利弗も混っていたわけですが、維摩はまたもや舎利弗に目をつけ、

「舎利弗さん、さっきの部屋に椅子のないことを、たいへん気にしておられたのは、あなたじゃありませんか。椅子が来たのですから、さあ、早くおかけになってはどうですか」

と、いいました。

まさに痛烈な皮肉で、舎利弗は、まったくさんざんにやっつけられて、立つ瀬もありません。

だが、維摩は、なにも舎利弗個人を目の仇（かたき）にして、いじめているわけではなく、小乗においての智解などというものは、大乗の妙理に比べたら、お話にもならないくらい浅いものであることを、みんなに悟らせるために、智慧第一の舎利弗を俎上にのせているのです。

最後に舎利弗は、須弥燈王の加護によって、やっとのことで椅子にかけさせてもらいますが、それにつけて維摩は、修行をつんで仏に近くなると、不思議な力を与えられるが、何故不思議な力を与えられるのかというような理屈など、問題にもしようともしないし、知りもしないので、その境地を「不思議の解脱」というのだということなどを、舎利弗や大迦葉(かしょう)や文殊師利を相手にして、綿々と教説をつづけるのです。

5 千万の言葉にまさる答え

満座にふる無数の天華

お経では、維摩と文殊の問答が、息もつかせぬ形でなおもつづけられていますが、その内容はいよいよ深遠となり、微妙となって、その場に居合わす上智の菩薩には理解できても、下智の一般大衆はついていくことができなくなって、そろそろ倦怠(けんたい)を覚えてきます。

そのことをいち早く見てとったこのお経の作者は、突如ここで主役の維摩をひっこめ、かわりに艶麗(えんれい)花のごとき天女を登場させるのです。

まったく思いがけないこの出来事で、漂(ただよ)いはじめている倦怠感は、たちまち払拭(ふっしょく)され、何事が起こるのかと一同の注意をひきつけるのですから、まことに心憎いばかりの構成力といわねばなりません。

しかもその美しい天女は、たおやかな身体をくねらすようにして、満座のあいだを動きまわりながら、みんなの頭上へ、パッパッと無数の天華（極楽の園に咲いている花の花びら）を、まきちらすのですから、堅苦しい維摩教説の場面は一転して、まるで一時に花咲いたような絢爛（けんらん）さに彩られるというわけです。

ところが、不思議なことが起るのです。

今、天女がまきちらした花びらですが、それが菩薩たちの身体に触れたものは、別に変ったこともなく、ハラハラと下へ舞い落ちるのに、他の仏弟子たちの身体に触れたものは、まるでとりもちのようにくっついて、振っても払っても落ちないのです。

驚いた仏弟子たちは、一生懸命に取ろうとしてさわぎたちますが、どうしても落ちません。

すると天女は、その中の舎利弗に向って、

「どうして、花びらを取ろうとなさるのですか」

と、たずねます。

「仏弟子として、こんな花のようなものを、身につけることは、心の修行をする上で、妨（さまた）げになるからです。それが仏の厳しい戒律です」

舎利弗のその答えを、あらかじめ予期していたかのように、天女はすかさず、針のような言葉で、舎利弗の理解の浅さを、指摘します。

すこし長いですが、その言葉を、長尾雅人博士訳註『維摩経』（中公文庫）の訳文を借りて、お経のままお伝えします。

「大徳（舎利弗）よ。そのようなことをおっしゃってはなりません。この花は、法にかなったものです。その理由は、この花のほうでは考えたり分別したりしないのに、長老シャーリプトラ（舎利弗）こそが、思慮し、分別しているからです。

大徳よ。出家して善説の法と律との中にありながら、思慮し分別するならば、それこそ法にかなわないことなのです。

長老は（法や律について）思慮し分別していますが、思慮するところのないことこそ正しいのです。

大徳よ。ごらんなさい。

思慮や分別を離れていればこそ、それらの大王、菩薩の身体には、花が付着しないのです。

たとえば恐怖をいだいている人ならば、その隙を魔神がねらうでしょう。それと同様に、生死輪廻の恐怖におののく人に対しては、色や声や香りや味や触れ合うことが、その隙につけ入ってくるのです。

もし、諸行の煩悩に対する恐れを去った人ならば、その人に対して色、声、香、味、触が、何をなしうるでしょうか。（愛着の）薫習をまだ断ち切れない人には、花が付着しますが、それを断っている人の身体には付着しません。

ですから薫習をすべて断っている（菩薩たちの）身体には、花は付着しないのです」

つまり、あなたは、自分では一心に修行しているつもりかもしれぬが、それは単なる利己心でしかなく、今一度考え直せという、峻烈な教示で、以下、今度は天女と舎利弗のまことに興味深い問答がつづきます。

いってみれば、維摩が天女にとってかわったというだけで気の毒にここでも舎利弗が、またもやその矢面に立たされて、さんざんにやっつけられるという道化的役割になっています。

そして問題の最後に、維摩があらわれ、

「この天女は、すでに菩薩が持つ神秘的な能力を持っているものです。菩薩は厳しい自己修行に励むとともに、衆生済度の本願を持つものですから、この天女も、今、その願いをもって、大衆教化のためにあらわれてきたものなのです」

と述べて、この場面は、一応終りをつげることになっています。

維摩の一黙響雷のごとし

ここでさらにまた主役として、維摩と文殊が出てきて、やはり前のような問答形式（文殊が質問し、維摩が答える）で、話が始まります。

内容は、このお経の骨子である「不二法門」（大乗の極致）を論ずることに、焦点が定められています。

したがって、ここが本経におけるクライマックス（頂点）だと考えていいわけです。

「不二法門」とはどういうことかといいますと、それは、万有の真相は「有」と偏ってとらえてもいけないし、「空」と偏ってとらえてもいけないもので、それらの二辺を離れた、いわゆる「真空妙有の境地」であり、いいかえると相対的差別的なすべてを超え離れた、絶対的平等的な真理のことを指すのだといっていいわけです。

しかしこのお経においては、このことを維摩が直截的に説きあかすという方法をとらず、これまた極めて巧妙な物語の推移にのせて、その大乗精神の真髄をあきらかにしているところに、このお経の構成の比類なき斬新さと迫力があるといっていいのです。

すなわち、維摩はとりまいている一座の菩薩たちを見渡し、

「あなたたちは、みんな絶対的な真理、中道の哲理である『不二法門』に入っておられると思いますが、どうして入られたか、それぞれに自分の思ったとおりに、おっしゃってみてください」

といって、三十一人の菩薩たちに、順次その所見を披露させるという、多彩な方法をとっているのです。

法自在菩薩をトップに、徳守菩薩、善眼菩薩、福田菩薩、華厳菩薩などと多くの菩薩たちが、さまざまな面からその理由を説明するので、興味津々たるものがありますが、ここでは残念なが

ら、とても紹介しきれません。

しかしさすがに菩薩の所見で、「すべての相対差別の偏見を超越した絶対一味の究竟が、まさしく不二の妙境であるという点」においては、みんな一致しているのは、いうまでもありません。

そこで最後に文殊菩薩が立って、

「皆さんのお考えは、すべてよろしいが、しかしわたしはあらゆる事柄にわたって、語りようもなく、見解もなく、明示しようもなく、識別しようもなく、もろもろの問答から超越してしまったとき、初めてほんとうに『不二法門』に入ることになると思うのです」

と、述べます。

そして、つづけて文殊菩薩は、

「わたしたちは、みんな、めいめいの考え方を述べたので、今度はあなたが説明なさる番です。『不二法門』に入るとは、どうしたらいいのですか。そのお考えを聞かせてください」

と、たずねます。

満座の者は、維摩がいったいどういう解答をするだろうかと、かたずを呑む思いで、じっとその顔を見守っていました。

が、そのとき維摩は、眼を一点に定めたまま、動かず、にじり動きもせず、もちろんいささかも心が動く気配も見せず唇を固く閉じたまま、いつまで待っても黙然として、一語をも発しようとはしないのです。

いうまでもなく、この「無言」こそが、「不二法門」について、維摩の口からその説明を聞きたいと、息を殺して待ちかまえている大衆への、千万の言葉にもまさる的確な答えだったわけです。

すなわち、三十一名の菩薩たちの説明は、一致して不二の妙境を語りはしていますが、真如というものは、有限相対の言葉などでは、とうてい説明できないものです。

文殊はさすがに、それは言語表現を超越したものといいながら、そのことを言葉で説明しているので、これも不二に徹した解釈とはいえないのです。

しかし、一語も発せず、一言も示さない維摩の「黙」の中にこそ、百雷の一時に落ちるがごとき説得力をもって、「不二法門」の何たるかを相手の心にたたきつけています。

さすがに文殊は、感嘆して、

「善哉、善哉、乃至文字、言語あることなし、これ真に不二法門に入る」

と、述べていますが、まことにこの幕切れはすばらしく、異様な迫真力を以って、一座大衆に、大乗仏教の妙趣を感知させています。

古来、この場面における維摩の沈黙を指して、

「維摩の一黙、響雷のごとし」

とか、

「淵黙、雷のごとし」

などと呼ばれて広く喧伝され、言葉の上でとやかくいっていたのでは、真実の悟りに入ることはできないことへの、手厳しい警告になっています。

6　娑婆世界こそ仏国土

むすびへの転換

「不二法門」についての「維摩の一黙」は、なんといってもお経のクライマックスであり、このあと、なお極めて巧みな暗喩によって、大衆仏教徒の「戒律」に対する態度を興味深く述べていますが、とにかくそれで第二場「維摩の居室」の場は終り、第三場としてふたたび「菴羅樹園の場」に転換します。

しかもその転換も、まるで「まわり舞台」のように、維摩と文殊が、

「ぼつぼつお釈迦さまの会座に出かけましょうか」

という合意が成立するや否や、維摩がまたもや不思議な能力をあらわして、そこにいる大衆を坐っている座席そのままに、右の掌の上にのせ、空を飛んで、アッという間に、菴羅樹園へ到着するというのですから愉快です。

庵羅樹園では、みんなが維摩の方丈にいる間も、お釈迦さまの説法が行われていましたが、今、一瞬にしてそれらの大衆を迎え、改めてそれらすべての者を対象としてのお釈迦さまの教化が、主として問答形式でくりひろげられるというのが、この第三場です。

そこでは、いろいろなことが論じられていますが、すでに語るべきいちばん大切なことは、語り終られているわけで、この場面は、その「まとめ」あるいは「むすび」といったもので、内容はつぎの二点に集約することができます。

(一) 維摩の前生は、無動仏が治めておられる妙喜国で、そこの聖者であったのが、この娑婆に生まれ変ってこられたのだから、普通の人物ではないということ。

(二) このお経は、広く過去、未来、現在の諸仏の不可思議の阿耨多羅三藐三菩提(無上正遍知)を説く、優れた内容を持ったものだから、よく受持し、広告し、流布しなければならないこと。

そしてその第一点をさらにあきらかにするために、舎利弗をして、

「なぜ、あなたは、無動仏の妙喜国といったすばらしく清浄な国から、こんな汚れた娑婆世界へ生れ変ってこられたのですか」

という質問をさせ、維摩に答えさせています。

「日の光が射すとき、それは暗黒と合体しますか」

「いや、日の光は、暗黒をなくします」

「太陽は、この世界を、なぜ照らしていますか」

「それは、光で暗黒をなくしてくれるためです」

「そのとおりです。大乗仏教を信ずる者が、この娑婆に生まれてくるのは、この世の暗黒と合体するためではなく、迷える衆生の心の中に巣食う暗黒を照らして、それを取り除くためなのです」

そんな問答のあと、お釈迦さまのすすめに従って、維摩は、不思議な神秘力をあらわして、右の手で妙喜国を切り取り、縮めもせずちいさくもせず、もとのままの大きさでみんなの前へもってきて、しかも狭苦しくなることもなく、まったくもとのままの広さで、その国の様子をみんなに見せるのです。

眼(ま)のあたりにその美しい国土と、厳浄な無動仏の姿と、清白な弟子たちの修行を見た人たちは、こぞって無上正遍知を起こし、いまさらのように維摩の徳を讃嘆(さんたん)して、妙喜国に生まれることを願ったというふうに、書かれています。

第二点については、帝釈天(たいしゃくてん)をして、

「わたしは、いまだかつてこんな不可思議自在神通決定(けつじょう)実相のお経を、見たことがありません」

と、口を極めて讃美させ、それに対してお釈迦さまは、直接的には弥勒、阿難に向っての言葉として、

「このお経を信解し、受持し、読論する善男子、善女人は、必ず仏果を得るにまちがいないのだから、お前たちはこのお経の主旨をまちがいなく受けとり、これを後の世までも弘めることに努めねばならない」

と、教えます。

そして阿難も、これまでの自分の小乗的修行を反省して、一意その弘通に励むことを誓います。

しかし、最後に、

「では、このお経は、なんという名で呼べばいいでしょうか」

と質問し、お釈迦さまが、

「これは維摩が、わたしに代って真理を説きあかしてくれたわけだから、『維摩詰所説経』と名づけ、内容が深遠であるにもかかわらず、それが懇切ていねいに開顕されているので、一名『不可思議解脱法門』と名づけることにしよう」

ということで、第三場面の幕がおりて、このお経は大詰めを迎えているわけです。

金口の仏説

これで「維摩経」の内容を、おおまかですが、ご紹介できたわけです。

しかし、いうまでもなくこれは、主要説者維摩が、みずからの悟達の内容を気

随気ままに語りあかすという形式で終始していますから、そのかぎりにおいて、これは、維摩という一人格を中心としたお経であることにまちがいはありません。

だが、最後のところでもお釈迦さまがおっしゃっていたように、その維摩の所説は、実はお釈迦さまが、みずからの大覚の境地である大乗深遠の妙趣を、維摩の体験の中にたたき込んで、これを「語らしめている」のであり、それゆえにこのお経は、そのまま「金口(こんく)の仏説」だといえるわけです。

すなわちお釈迦さまと維摩が、相即不離の結びつきにおいて、このお経が表現されているということは、とりもなおさず、玄妙(げんみょう)な大乗精神が、あからさまに開顕されているということになると、いわねばならないわけです。

とにかく、このお経の最も特徴的な点は、大乗の浄土仏国は、わたしたちの住んでいる世界が、そのまま真如の顕現である仏国土だから、生活の一挙手一投足が、道場であると考えねばならないとして、小乗仏教徒がしたり顔に修行する「捨家棄欲(しゃけきよく)、出家発心(しゅっけほっしん)」といった、形式的な現実生活否定のあり方を捨て、坐禅もいらない、道法もいらない、凡夫そのままの姿において、つまり煩悩を断せずして、ただ仏意の本質を把握することによって涅槃を得ることができるとしているところにあります。

そのことを主張するために、維摩は、すでに述べたように、舎利弗をはじめ、声聞、縁覚などの小乗教徒を、こっぴどく叱りつけ、完膚なきまでにその考えを破砕しています。が、その痛快無比な直截さと、そこへもってきて奇妙奇怪な不思議な現象を、天文学的な厖大な数字を駆使して、説得せずにはおかない壮大無比な構想と、絶妙の表現が、古来多くの共鳴者、崇拝者と呼び、中国、日本を通じて、非常にこのお経がよろこばれ、尊重されてきたのです。

さらに見逃がしてはならないことは、維摩が「居士」であって、出家ではなかったということでなければなりません。

これは、すでに冒頭に述べたところですが、大乗仏教というものは、出家に独占されるべきものではなく、むしろ形式にいささかも縛られない形で、あらゆる階層の人々によって、把握されねばならないことを、強硬に示しているわけです。

いってみれば、僧形僧団の中に固定化されていた大乗仏教を、一般在家の手に解放した「在家経典」だといえるわけで、それこそが、大乗精神の神髄と表わしたものであり、まことに意義深いことといわねばなりません。

ついに僧形をとらなかった聖徳太子が、特にこのお経に心をひかれ、『三経義疏』の中に入れておられるのは、おそらく、そうした点に、おさえがたい魅力と共感をお持ちになったからにちがいありません。

いずれにしろ「維摩経」は、そのとびぬけた表現の適確、流麗さも手伝って、古くから国民のあいだに、広くゆきわたり、親しまれてきただけに、日本国民の精神面に与えた影響は極めて大きなものがあったばかりではなく、現在の混迷する世相の中で、「在るべき」日本仏教界の方向を示唆しているのではないかと思います。

その点からも、今の時代においてこそ、このお経を、わたしは多くの方々にじっくりと味読していただきたいものと、望んでおります。

第三章　絶対の救い——浄土三部経

1　一切衆生を救うために

阿弥陀仏の本願に托して

「浄土三部経」というのは、単独の経典名ではなく内容的にきわめて密接な関係のある「無量寿経」「観無量寿経」「阿弥陀経」の三部の経典を組み合わせて、これを総称した呼び名です。

そういう例は、ほかにもいくつかあります。「法華三部経」とか、「大日三部経」とかいうのが、それです。

三部の経典のうち、「無量寿経」は、いちばん長くて、上下二巻に分れていますが、そんなところから、一般に、頭に「大」の字をつけて「大無量寿経」と呼ばれ、略してこれを「大経」といいます。

それに対して「観無量寿経」一巻は、「観経」、短くて簡単な「阿弥陀経」は、「小経」といわれています。

いうまでもなく、この「浄土三部経」は、浄土宗および浄土真宗の所依の経典です。所依の経典とは、その宗派の教養的な依りどころになっている経典だということで、そのことは、おのずからこの経典の内容が、他の大乗仏典には異なった説相をもっていることを示すものなのです。

どう異っているかといえば、他の大乗仏典（菩薩系）においては、穢土と呼ばれるこの現世において、みずからの智行を練磨し、厳しい修行を積むことによって、涅槃の証悟を果さなければならないことを説いています。

が、「浄土三部経」（浄土系）では、久遠劫来、無明煩悩にふりまわされて、罪を重ねている五濁悪世の末法の下機には、涅槃の妙果を憧れてみたところで、とうてい叶うべくもないことだとし、ただ阿弥陀仏の本願（あとで詳しく述べます）に全托して、極楽世界（浄土）に往生させてもらうよりほかはなく、往生はそのまま成仏であることをあきらかにしているという点です。

五濁というのは、劫濁（時が移り変わるにしたがって、天災地変が絶えまなく起ること）、見濁（末世になると、因果の道理を信ぜず、思想が悪化してくること）、煩悩濁（情欲的煩悩が盛んになって、道徳が退廃すること）、衆生濁（お互に疑い合い、争い合い、殺し合うようになること）、命濁（人間の命が短くなること）、の五つの濁りということで、今の世の中は、そういう濁りが勝手気ままにはびこっているから、悪世というわけです。

末法というのは、仏教では時代を、正、像、末の三つに区分し、正法の時代は、お釈迦さまが入滅されてから後の五百年間で、その間はまだ根機（人間）もすぐれ、教えがそのままによく守られて、真面目に修行を積み、仏果を開覚する者も多く出ます。

しかし、つぎの像法の時代、すなわち五百年が過ぎて後の一千年間になると、教えはそのまま残っていますが、根機がだんだんと悪くなって、真剣に修行して悟りを開く者など、ほとんどなくなってしまいます。

そしてつぎの末法の時代は、仏滅千五百年から以後一万年までのあいだですが、その時代には、五濁悪世の世の中になり、根機も手におえない下機に転落して、教えもなくなれば修行する者もいない、三宝滅尽（めつじん）のあさましい世の中になってしまうというのです。

時代がそうした五濁悪世の末法で、根機はすさびきった最悪の劣機であることを自覚すれば、現世における開悟などは、思いもおよびません。

わたしたちの救われる道は、ただ絶対他力の阿弥陀仏の本願にたよって、西方浄土に往生させてもらうことを、志向するよりほかはないとして、この浄土の三部の経典は、それぞれすこしばかり違った説き方をしています。

とはいえ、要するに阿弥陀仏が、いかようにしてその本願を成就されたか、衆生はいかようにすれば、その浄土へ往生することができるかということ、つまり、「法の真実」と「機の真実」を説きあかされたものだということができます。

このことを、個々の経典について、見ていくことにしましょう。

安楽浄土建立への発願と修行

まず「無量寿経」ですが、その訳経は、古来「五存七欠」といわれて、十二種類の多きにのぼっています。

一つの経典が、そんなに数多く翻訳されたということは、この経典がいかに一般の人々の「求める心」に応える内容をもっていたかということを、物語るものだといっていいわけですが、現在残されているものは五種類で、他はことごとく散逸し、わずかに『開元釈教録』に、その名をとどめているにすぎません。

五存中の一つに、曹魏の時代に天竺の三蔵康僧鎧によって訳された「無量寿経」二巻があります。

これは、その意義が精確、懇切に説かれているということ、表現が極めて流暢であるというので、浄土諸宗において正所依の経典になっていて、日常、わたしたちが読誦しているのがそれです。

では、このお経にいったいどういうことが説かれているのかというと、一口で言えば上巻では「阿弥陀仏（如来）の浄土の因果」、下巻では「衆生往生の因果」が、詳細に叙述されているということができます。

「如来浄土の因」というのは、法蔵菩薩（阿弥陀仏がまだ菩薩の位におられたときのお名前）が、西方に安楽浄土を建立されるに当って、その因となる「発願」と「修行」、すなわち一切衆生を救済するために、いかに熾烈な願をおたてになったか、そして、その願を成就するために、いかに極難極苦の修業をなさったか、ということを指すのです。

いうまでもなく「発願」とは、四十八の大誓願のことであり、「修行」とは、五劫思惟、兆載永劫の行業のことです。この二つは、本経における最も肝要な記述といってよく、そのことについてお経には、つぎのように書き始められています。

「時に国王ましましき。仏の説法を聞きて、心に悦豫を懐き、すなわち無上正真道の意を発し（大菩提心のこと）、国を棄て王を捐てて、行じて沙門（僧侶）となり、号して法蔵と曰いき。高才勇哲（方智すぐれ勇ましいこと）にして、世と超異（超えすぐれること）せり」

こんなふうに、後に阿弥陀仏となられる法蔵菩薩も、もと一国王にすぎなかったのですが、説法を聞いて大菩提心をおこし（仏の正覚の智慧のことであり、菩薩になるということ）国を捨て、王位を捨てて出家し、そのころ、この世に出ておられた世自在王という仏のみもとにおいでになって、仏のみ足をいただき、三たび右にめぐって地に跪き、うやうやしく合掌礼拝して、

「光顔巍々として威神極り無く、是の如きの燄明（光明）與に等しき者なし。日月、摩尼（欲す

るものが心のままに出てくる珠)、珠光の燄耀(光りかがやく)も、皆悉く隠蔽(おおいかくす)して、猶し聚墨の若し。如来の容顔は世に超えたまひて倫なし。(後略)」

というような長い頌で、その威徳を賛嘆します。そのあと、

「師の仏よ、わたしは尊い無上菩提を求める心を起こしました。どうぞわたしのために、広く教えをお説き下さいませ。わたしはそれによって修業して、最もすぐれた浄土を荘厳し、この世で早く正覚となって、迷いの衆生の悩みのもとを除きたいと念願しています」

と、お願いいたします。

世自在王仏は、法蔵菩薩のその志願が深広で、常並のものでないことを見てとられますと、

「法蔵菩薩よ、たとえ大海の水でも、わずか一人の人間が升で汲み取り、幾劫とも知れぬ長い間それを続けるなら、ついに底まで汲み干して、海底の珍しい宝を手に入れることができるように、人間がまごころをこめて一心不乱に道を求めてやまぬなら、必ずその目的を果たしとげ、いかなる願いでも成就せぬことはないであろう」(『意訳浄土三部経』西本願寺版参照)と励まされた上で、法蔵菩薩のために二百十億の諸仏の国々の優劣と、そこに住んでいる人たちの善悪をお説きになり、さらに望みにまかせて、それらの国々の様子を目のあたりにお見せになるのです。

そこで法蔵菩薩は、それらの浄土をつぶさに覩見し、五劫のあいだに思惟し、その最も善いところばかりを選択して、一切に超えすぐれた浄土を建立しようとの大願、すなわち有名な四十八

種の誓願を立てられ、兆載永劫という長い間の修業を経て、阿弥陀仏となられて西方十万億土に浄土を建立されるというわけなのです。

2　すべてのものに大悲をこめて

四十八願を成就して

法蔵菩薩は五劫のあいだ思惟し、兆載永劫の修業を経て阿弥陀仏となり、浄土を建立されたと言いましたが、ここは、決してトントンと調子よく事が運んだのではなく、そのことを「五劫思惟」「兆載永劫の修業」という言葉の重みに心を留めて、受け取っていただかねばなりません。

「五劫」の「劫」も、「兆載永劫」の「劫」も、極めて長い時間のことを指すものですが、それがまた想像も及ばないような、とてつもない長さなのです。

すなわち『智度論』にはそれを説明するのに、「一芥城劫」と「一払石劫」の二つの比喩をあげています。

前者による「一劫」とは、四十里四方と上下のある鉄で造られた城の中に、小さな芥子粒をいっぱい満たして百年ごとに一粒ずつ取り出し、それが空っぽになってしまう年月を指すのだというわけです。

一方、後者は、やはり四十里四方と上下のある大きな石を、百年ごとに一度ずつ天人が降りてきて、そのやわらかい羽衣でサッと表面をなで去って、石がまったく擦(す)り減って姿をなくしてしまう年月をいうのだと示しています。

「一劫」でも、まことに気の遠くなるような長年月ですが、それが五倍の「五劫」の思惟であり、「兆載」という億万兆を超えた無限無数の年月の修業なのですから、要するにそれは、とても言葉などでは言い表すことのできない、ご苦労だと言わねばならないわけです。

仏教には、年月の長さを表す比喩に「塵点久遠劫(じんでんくおんこう)」(法華経)とか、「恒河沙数(ごうじゃしゃすう)」(諸経)、とかいうものがあります。

ちなみに、それを「仏教学辞典」の説明を借りて明らかにしますと、「三千大千世界のすべての物を磨して墨汁となし、一千国土を経過するごとに一点を下し、ついに墨汁をつくし、さらにその経過した国土を微塵に砕き、その一塵を一劫として数えた劫数」を「塵点久遠劫」といいます。また「恒河沙数」は、あのインド第一の長流ガンジス河の底から、一粒残さずかき集めてきた砂の数ということです。これも「劫」の説明同様、天文学的な数字のため、それに幻惑されて実感がともなわないかもしれませんが、しかし、こうした比喩は決して誇張などではなく、そう表現するより外に仕様がなかった、という事柄の重大性を物語っているものと読み取っていただきたいのです。

さて、法蔵菩薩は、なぜそういう言亡慮絶（言葉も思いも及ばないこと）のご苦労をされて思惟し、修業されたのかと言えば、それはひとえに苦界である世の中で苦しみ踠いている人々を、その苦しみから救ってやり、真実の安らぎを与えてやりたいという、切なる願いによることは、言うまでもありません。

そして、世自在王仏から十方諸仏の国々を見せてもらい、つぶさにその善悪を観察した上、理想的な浄土建立の構想を建て、たいへん長い年月のあいだ不退転の精進をつづけ、ついにその目的を達成して阿弥陀仏となり、理想の仏国土をうち建てられたのです。

それとともに、すべての人々をその浄土に生まれさせるにふさわしい、勝れて易しい方法はないものか、といろいろ考えられた末、ここに具体的に四十八通りの願を成就されて「もしこの願満足せずんば、誓いて正覚をとらじ」、すなわち「もしこの願に欠くるところがあるならば、わたしは決して仏にはならない」と誓われ、「必至無上道」――必ず無上の仏果を得とげるであろう、と確信をもってこれを表白されたのです。

これが有名な四十八願と呼ぶ誓願で、「大無量寿経」の「かなめ」であることは言うまでもありません。

第十八願は本経の精髄

さて、その四十八願の内容については、古来さまざまな分類が行われていますが、随の慧遠の書いた『無量寿経義疏』にあげられている「三要の説」が、広

く一般法に用いられています。「三要の説」とは、

㈠が摂法身の願で、法蔵菩薩が自己の理想とする仏身に関する願を指し、第十二、十三、十七願がこれに相当します。

㈡は摂浄土の願で、これは仏果を求めると同時に、建設しようとする理想の浄土に関する願を指し、第三十一、三十二願がこれに相当します。

㈢が摂衆生の願で、これはかく仏果を求め浄土を建立するのは、一切衆生をしてその浄土に往生せしめようとすることにある、という救いに関する願いを指し、上記以外の他の四十三願がこれに相当しているわけです。

善導(ぜんどう)大師は、やはりこの「三要の説」という分類法を用いられていますが、「一願結帰(けつき)の法」といって四十八願の一つ一つが、ことごとくその三要に通じ結びついているというように考えられています。

ところが親鸞(しんらん)聖人になると、前二者の法を用いておられるところもありますが、「真仮(しんけ)分判の法」という独特の法でこれを分類されているところに、極めて奥深い解釈の仕方があり、いうまでもなくそれは、浄土真宗という教義に連っているものです。

「真仮分判の法」とは、四十八願を真実の願と権仮(ごんけ)の願の二つに区別し、それとはっきり配当したわけではありませんが、そのいろいろな著書から総合して考えると、前者に第十一、十二、

十三、十七、十八、三十二、三十五願を配し、後者には第十九、二十願、そして余他の願は、あるいは真に属し、あるいは仮に属すというように分けておられるものと思います。

そして、その真実の願のうち、生きとし生けるものを残るところもなく救いとらずにはおかない、という第十八願こそが、法蔵菩薩の深広なる慈悲から出る究極の願いなのです。

したがって、すべての願はそこに帰納統一されるわけですから、これが本願、特に五本願といって、まさに一切衆生救済の根本原理、いや「大無量寿経」全巻の精髄は、かかってこの一願にあるとされたのです。

では、その第十八願とは、どういうことを誓われたかと言うと、分かりやすい西本願寺版の『意訳浄土三部経』によってこれを記すと、つぎのとおりです。

「もし、わたしが仏になるとき、あらゆる人々が至心から（至心）信じ喜び（信楽）、往生安堵の想いより（欲生）、ただ念仏して（乃至十念）、そして、わたしの国に生れることができぬようなら、わたしは決してさとりを開きません。ただし、五逆の罪を犯したり、正法を謗ったりするものだけは除かれます」

この願のことを、「選択本願」とか「至心信楽の願」とか、「念仏往生の願」とか言われていますが、それは絶対他力の弥陀の本願だということなのです。

すでに何度か述べたように、法蔵菩薩の誓願は、すべてのものを一人も残らず救いとらずにはおかない、大慈悲心に発するものでした。が、そうすると当然のこととして、少しの善根も積めず、少しの修行もできないような愚かで罪深い最低の人間でも、易々と往生の勝益にあずかれるような易行の方法が考えられねばなりません。

そこで五劫の思惟と修行によって成就されたのが、「南無阿弥陀仏」の名号です。

その名号に、仏の願いと智慧と慈悲のすべてを込めているので、衆生はそれを至心、信楽、欲生の三心で救済の仏心にいささかの疑い心もなく、はればれと信順した時、極楽往生はまちがいなく、もし、まちがいあれば、わたしも仏にはならないと自らの正覚（仏になる）を懸けての力強い誓願をされたのが、この願なのです。

そして、往生安堵の思いに住すれば、必ず仏恩報謝の念仏がほとばしり出てくるもので、それが一声であろうと十声であろうと、どちらでもかまわないとするところに（乃至十念）、親鸞聖人の他の浄土諸宗とちがった受け取り方があるわけで、そこに浄土真宗の「信心正因、称名報恩」という独自の教義が展開するのだと言わねばなりません。

以上は、浄土真宗の立場での受け取り方ですが、法然上人の開いた浄土宗には西山派、鎮西派、長楽寺派、そして西山派から分かれた時宗など、幾つかの分派があり、そのいずれもが『大無量寿経』を所依の経典としながら、四十八願についての受け取り方もそれぞれにちがっています。

しかし、ここではこれからも、おおむね今までと同じ浄土真宗の立場で話を進めていくことにしましょう。

3　出世本懐の真実

安楽世界の理想境

さて法蔵菩薩は、数えきれない長い年劫をかけて、はかり知れない徳行を積まれ、すべての誓願を成就して阿弥陀仏となられ、西方十万億土に浄土（極楽世界）を建立されたわけですが、その修行のありさまをお経の上でうかがうと、

「貪り（むさぼり）や怒りや害い（そこない）の心を起こさず、あらゆるものに執着せず、いかなることにも耐え忍ぶ力をそなえて、あまたの苦をものともせず、欲少なく足る（たる）を知って、いつも禅定に心を静め、知恵まどかに偽り（いつわり）の心絶えてなく、顔色をやわらげ言葉やさしく、もっぱら清らかな善根を求めて少しも倦むことなく、雄々しく精進をつづけられた」

と書かれています。

まさに極難極苦の行業であり、とてもわたしたちの企（くわだ）ておよぶところではなく、菩薩なればこそ、よく成し遂げることができたものと言わねばなりません。

つづいてお経には、浄土の相状が、素晴しくきれいな言葉で、こと細やかに表現されていて、古来「彼岸（ひがん）の文学」としての圧巻だと言われています。その一斑（いっぱん）をあげてみますと、

「その仏の国土は、金、銀、瑠璃、珊瑚、琥珀、硨磲、碼碯などの七宝でできており、実に広々として限りがなく、しかも、それらの宝は互に入り交じり映えあって、あかあかと輝き、その荘厳のうるわしく浄らかなことは、どの世界にもたぐいがない。七宝でできたもろもろの樹木は、幹と幹、枝と枝、葉と葉、花と花が相応じて輝きあい、まことに目もまばゆいばかりだが、そこへそよ風がゆるやかに吹いてくると、宝樹はさまざまな音声を出し、しかもその音色が自然に調和して、いとも微妙な調べとなり、聞く者に深いみのりを説き明かす」

といったぐあいで、微に入り細にわたって、安楽世界の理想境を巧みに描き出しています。

つまり上巻では、以上のように「阿弥陀仏の浄土の因果」が明らかに述べられているというわけです。

五つの徳

次に、下巻では「衆生往生の因果」が明らかにされています。

一切衆生が、どうすれば極楽に往生することができるのかといえば、それは言うまでもなく、ひとえに阿弥陀仏の本願成就のゆえではありますが、そのことについては、お経の冒頭近くに、

「その名号のいわれを聞いて信心歓喜する一念のとき、それは仏の至心から与えられたものであるから、浄土を願うと、たちどころに往生すべき身に定まり、不退の位に入るのである。ただし五逆の罪を犯したり、正法を謗ったりするものだけは除かれる」

と示されています。

これは、先に述べた第十八願の成り立ちを表しているもので、第十八願とともに、真宗教義のもっとも大切な根幹であることは言うまでもありません。

すなわち衆生往生の原因について、これは、まったく自力を棄てて真実報土に往生する、他力念仏の道を説き明かしているわけです。が、つづいてもう一つの道として、自力を棄てることができないで方便化土に往生する、自力諸行の道を教えています。

方便化土と言うのは、阿弥陀仏が、浄土に往生するもののうち、真実の仏土を見る能力のないもののために、方便をもって仮に現した浄土のことです。それはあくまでも「仮」のものであるかぎり、いち早く前者の道を選びとらねばなりません。

以上、「衆生往生の因」について述べられたわけですが、その「果」については、「一生補処の徳」「供養諸仏の徳」「聞法供養の徳」「説法自在の徳」「自利利他の徳」の五つの徳をあげています。

個々の説明は省きますが、何と言っても往生人ですから、阿弥陀仏相応の身としていただき、常に平等の心、最勝の心、慈悲甚深の心、禅定不動の心、大法愛楽の心に満ち満ちて、倦み厭うことなく衆生済度にしたがわせてもらえる身に、させて頂けると示されています。

お釈迦さまの勧誡

ところで、こうして「衆生往生の因果」を説き終ると、お経は、そこから突然その説相を改めて、弥勒菩薩を呼び出し、いきなり人の世の現実を踏まえて、もっぱら悪を戒め、善をすすめるお釈迦さまの勧誡となっています。

これは「悲化段」と呼ばれていますが、その中に「五悪段」という一節があり、そこでは人間の不徳罪悪を「五悪」「五痛」「五焼」としてあげているのです。

「五悪」とは、殺生、偸盗、邪婬、妄語（両舌、悪口、綺語を含む）、飲酒を指し、「五痛」「五焼」は、それぞれの悪の行業にともなって起こる痛苦と、身を焼かれるような焼熱のことを指し、いずれも「五悪」にくっついた苦痛のことを言っているのです。

さてお経には、その「五悪」を、

㈠　この世の中は、生きとし生くるものすべてが互いに傷つけあい殺しあい、強い者は弱い者を、富める者は貧しい者を、平気で虐げたり倒したりして、悪逆無道のかぎりを尽くしている。

㈡　世の中の人たちは、親子、兄弟、夫婦でさえ、義理を失いめいめいがおごり高ぶり、心と口とは別々で、人を欺き、そのくせ諂い上手で、言葉巧みにお世辞を言い、賢者を嫉み、善人を謗り、人をけなし陥しめることばかり考えている。

㈢　みんな同じ世の中に住んでいて、そんなに長くも生きられないのに、貪りの心が強く、儲けることばかり考えているのみでなく、いつも邪な心を抱いて、みだらな愛欲の思いに振り回され、執念ぶかくその思いをとげようとしている。

㈣　世の中の人たちは、妄言を使い、綺語を使い、人を陥し入れて陰で喜んでいる。両親に孝養を尽さないし、恩師や先輩を軽んじ、なにごとにも誠を欠いているので、まるで友人には信用がない。しかも自ら尊大に構えて人を侮り、自分の誤りに一向に気がつかない。

㈤　みんないたずらに怠りなまけていて、身を修め、自分の仕事に励もうとしないから、家族の者を飢えや寒さに追い込んで苦しめている。そのくせ、なにかと言うと目を怒らせ、荒々しい言葉でみんなをどなりつける。そんなことで人から受けた恩義に報いる気などいささかもなく、人々に迷惑ばかりかけ、だれも構ってくれる者がいなくなって自棄になり、あげくの果ては人の物にまで手を出すようになり、みんなから爪はじきされる。

という形で、痛烈にその「悪」が指摘されています。

そして、そういう悪業は、おのずから悪果を呼び、三悪道を転々と経めぐって浮びあがることがなく、苦しみとおさなければならないから、いち早く「五悪」「五痛」「五焼」の誤りを棄て、それとは反対の諸徳である「五善」を保ち、その福徳によって娑婆世界を離れて、安養の浄土に生まれるようにしなければならない、とすすめているのです。

これはお釈迦さまが大悲をもって、一切衆生を摂護し化益せられる、やるせないお心持ちを述べられたもので、そのお心持の真意を、決して間違って受け取ってはなりません。

まさに、地獄さながらの「五悪」の泥沼から、どうしても脱出できないわたしたち人間を、何とかして助けてやろうという大慈悲心からつくり出されたのが「南無阿弥陀仏」であり、これに乗托しないかぎり、自力の心行では往生することができないことは、すでに何度か述べたとおりです。

したがって、ここで「五悪」を棄てよということは、自力修善の意味ではなく、自分ごとき底下の凡夫まで、お見逃しなく救って下さる大悲の御恩が身にしむとき、おのずから慎めるだけ慎むのが当然で、それでこそ本願の真意に相応することだと言うのです。

親鸞が『末燈鈔』で、

「煩悩具足の身なればとて、こころにまかせてみにもすまじきことをゆるし、口にも言うまじきことをゆるし、心にも思うまじきことをゆるして、いかにも心のままにてあるべしと申し合い候らんこそ、返々不便におぼえ候え」

と、いっておられるのは、そのお心持ちの表白なのです。

そして、この教法が遍満するところ「天下和順し日月清明にして風雨時を以てし、災厲起こらず国豊かに民安く、兵才用いること無し。徳を崇め仁を興して務めて礼譲を修める」ようになることは必至であると述べられており、それこそ人類至高の平和の天地の出現と言ってよく、お釈迦さまのみ教えを聞いていた弥勒菩薩は合掌して、「必ずお勧誡に背くとか忘れることのないようにしたいと思います」とお答えになっています。

これは釈迦、阿弥陀二尊一致の救済を述べられた、まさに出世本懐の真実義を表わした、すぐれた経典と言わねばなりません。

4 王舎城の悲劇

たいへんおおまかな説明ながら、いちおう「大無量寿経」の話が終りましたので、引き続き「観無量寿経」の解説にうつることにします。

人生曼荼羅の展開

このお経は、その最初に、

「宋の元嘉年中、畺良耶舎訳す」

と、その翻訳者と時代が示されています。

宋という国名は、中国の歴史の中で、隋、唐に続いて興った宋と、今一つは、それよりずっと以前の南北朝時代に、劉祐（武帝）という人によって、揚子江の南の建康（現在の南京）を都として建国された宋との二つがあったのですが、ここでいう宋は後者のほうを指し、これを前者と区別して劉宋と呼ばれているのです。

その時代に、畺良耶舎という西域の人が劉へやってきて、鐘山というところにある道林精舎に住み、このお経一巻の訳出に従事したと言われています。

たいていの経典には何種類かの異訳が存在するもので、確かなことは不明ですが、この「観無量寿経」にもそれがあったようです。

しかし、現在伝えられているものは、珍しくこの訳文一巻しか現存せず、したがって訳経史上、これは極めて貴重な経典だということができます。

さて「観無量寿経」という経典名ですが、これはかつて阿難が、このお経の説法が終ろうとしたときに、お釈迦さまに向かって、

「このお経を、何と名付けましょうか」

とおたずねしますと、お釈迦さまは、

「観極楽国土無量寿仏観世音菩薩大勢至菩薩」とお答えになったと言われています。

そこで、これを略して「観無量寿経」と呼ぶようになったということです。

すなわち、このお経は極楽国土の荘厳と、その国においでになる無量寿仏（阿弥陀仏）と、その脇士として左右に侍立している観音、勢至の二菩薩を「観ずる」お経だということになります。

その「観ずる」ということには、「観見」と「観知」の二義があり、前者は極楽浄土のありさまを心に思い浮かべることで、後者は阿弥陀仏に帰命する他力の信心のことを指すのです。

阿弥陀仏の他力救済の教えについては、すでに「大無量寿経」の中で、「法の真実」として、つぶさにこれを説き明かされていますので、改めてこのお経でそれを述べられる必要はないわけ

です。

しかし、自力に執着して容易に他力の門にはいることができない者のために、「機の真実」を示されたのが、このお経だということになるのです。

「機の真実」とは、弥陀の本願のお目当てである救済にあずかる衆生の如実相ということです。それは、智者や賢者といった勝れたたぐいの機根ではなく、極悪最劣の底下の凡夫こそが、絶対他力の救済にあずかる正機であることを、かの有名な王舎城の悲劇を軸として、表現的に極めてドラマチックに、その業苦悲惨な人生曼陀羅を展開して真実の機を示し、他力の教えは、ひたすらにかかる悪人救済のためであることを顕示されたものなのです。

親子相克の地獄絵

王舎城の悲劇については、このお経ではその初めから、

「お釈迦さまが、王舎城外にそそり立つ耆闍崛山においでになったとき、王舎城に阿闍世という太子がいて、悪友提婆の勧めにしたがい、父の頻婆娑羅王を捕えて七重の牢獄に幽閉し、堅く飲食の途を断ってこれを殺そうとし、家来に命じて一人もそこに近づくことを許さなかった」

というところから書きはじめられていて、阿闍世が、なぜそんな恐ろしい悪虐暴戾な事件を引き起こしたか、ということについては触れていませんので、その悲劇発生の発端としての伝説を、簡単に述べておくことにしましょう。

頻婆娑羅という王さまは、そのころ覇を四隣に振っていた摩掲陀という国の大王で、美しい王妃韋提希にかしずかれ、何不自由のない幸せな暮しをしていたのですが、ただ一つ寂しいことは、二人の間に一人も子どもがいないということでした。

そこで、あるとき占者を呼んで占わせると、

「かならずお産れになりますが、それはある山中に住んでいる年寄りの仙人が、命終ると同時に、太子として王妃のおなかに宿ることになっているのです」

ということでした。

二人はたいへん喜びましたが、しかし、その子が生れ変ってくるのは、今から三年後だと聞いて、今すぐにも子どもがほしいだけに、そんなに先までとても悠長にまてません。

そこでいろいろ考えたすえ、夫人は、

「三年先だというのは、その仙人が、もう三年生きているということでしょう。仙人の命さえ早く終れば、すぐ太子として生れてくることになるわけです。仙人には気の毒ですが、そんなに年寄りになって生きていても、別に楽しみもあるわけではなし、一日も早くわたしたちの子どもとして生れ変ってきたほうが、その方にとっても幸せになるのではないでしょうか」

と、言いだしたのです。

つまり、今すぐにその仙人を殺害しようという恐ろしい謀計で、しかも、まことに自分かって

な理由づけと言わねばなりません。

一方、夫人と同じ思いの王さまも、その残虐さや身勝手さには少しも気がつかず、それは名案だと同意して、さっそく家来を山中に派遣し、王命をもってその仙人を殺させてしまいます。

しかし、いくら仙人といっても、命の惜しくない者はいません。命終るとき仙人は、王の仕打ちを怨毒し、この仇をかならず二人に報いてやる、と言い残して死んでいったというのです。

そんないきさつがあって、その月から王妃は身ごもりました。やがて臨月近くなって、城中が生れてくる太子への期待で、明るい喜びに満ちていたある日、再び占者を呼んで胎児を占わせてみたところが、占者は顔色を変えて、

「たしかに太子にはまちがいありませんが、この方はお二人を、たいそう恨んでおられますので、成人なさると、きっとご両親にひどい仇討ちをなさいます」

と、告げました。

それを聞いた王さまと王妃は、仙人殺害という残忍なことをやっているだけに、非常な驚愕と恐怖におそわれ、そんな王子なら生れてこないほうがましだと考え、産所を高楼に設け、その下の床上にすき間もなく剣を林立させて、そこへ産み落し、産むと同時に命を絶ってしまおうという、親にあるまじき計画を立てて、それを実行したのです。

さすがに夫人は、その結果を確かめる勇気はありませんでしたが、確実に死んだとばかり思っ

ていた嬰児は、わずかに小指一本を失っただけで、不思議に大きなケガもなく助かったのです。

まるまると肥った可愛い赤ん坊だったので、その姿を見た侍女たちは、知らん顔で捨てておくわけにもいかず、王さまたちに内緒で赤ん坊をこっそり育てていましたが、やがて王さまにそのことが知れてしまいました。

しかし、ひと目、すこやかに育っているわが子の姿を見た王さまと王妃は、やはり血を分けた親子の間柄から手もとに引きとり、阿闍世と名付け、太子として養育することになったのです。

もちろん、出世にまつわる忌まわしい過去については、絶対秘密にしていましたが、成人するにつれ太子は、やがてその一切を知ってしまうのです。

わが子のためなら、自分の身体を投げ出してもいいとわないのが親の愛情なのに、そのあまりにも冷酷な秘密が、若い阿闍世の心を居たたまれない悩ましさに投げ込んだのは、無理もないことだと言わねばなりません。

さらに親への怨みに拍車をかけたのが、お釈迦さまのいとこである提婆達多です。

わがままな性格で名利を追う念の強い提婆達多は、教団に反抗してお釈迦さまを陥いれ、その地位を奪おうという野望を抱き、そのためにはお釈迦さまの有力な外護者である頻婆娑羅王を亡きものにしようと考えたのです。

そこで、幸にも父にはげしい怨みを抱いている阿闍世に、悪逆無道な計画をそそのかし、いわゆる王舎城の悲劇という、世にも恐ろしい親子相克のすさまじい地獄絵がくり広げられるのです。

その表現構想の巧みさは、古来、仏教文学の華と言われているものですが、事件は、以上の伝説的前奏曲によって、その趣をいっそう切実なものにしていると言っていいでしょう。

5　韋提希の切なる願い

獄窓からの八つの戒め

前に引用しましたように、このお経はその冒頭から「王舎城の悲劇」と呼ばれる緊迫した、ドラマチックな事件の記述から始まっています。

すなわち阿闍世という王舎城の太子は、すでに述べた伝説的前奏曲のように、父の頻婆娑羅王に対して激しい怨恨を抱いていました。

そこへ、教団の反逆者提婆達多が言葉巧みにこれをそそのかしたため、ついに意を決して父王を捕えて厳しい七重の牢獄に幽閉してしまい、家臣がそこへ近づくことを一切禁止してしまいました。

つまり、そのまま食を与えずに命を奪おうとする、子としてあるまじき悪虐な魂胆です。

いくら自ら招いた恐ろしい業縁の現れとはいえ、わが子のために痛ましい囚われの身となって、今まさに命を絶たれようとしている頻婆娑羅王の心中は、いかばかりだったでしょう。思っただけでも、なにか息づまるような、まさにあり得べからざる父子相克の痛ましい悲劇と言わねばなりません。

そうした王の身の上を、誰よりも気づかったのは王妃、韋提希夫人だったことは言うまでもないことです。さいわい夫人は毎日の面会を許されましたので、それに事寄せ、自分の身体を洗い清めて小麦粉に酥蜜を混ぜた食物を一面に塗り、さらに被っている瓔珞の穴の一つ一つに葡萄の汁を盛って阿闍世の眼をあざむき、ひそかにそれを王に食べさせていたので、頻婆娑羅王はやっと餓死するのを免れていました。

王は夫人の心ずくしの食物を食べ終ると、威儀を正して合掌し、うやうやしく耆闍崛山の方角に向い、その山上におられるお釈迦さまをはるかに礼拝して、

「どうかお慈悲をもって、あなたのお弟子であり、わたしの友だちでもある目連尊者を、わたしのところへお遣わし頂き、尊い大戒をお授けください」と、お願いしました。

目連尊者はお釈迦さまからお許しがでると、神通力によって隼のように、すみやかに王のところへ飛んできては、毎日、親しく獄窓の王に八戒を授けました。

八戒というのは、在家の男女が一日だけ保つことを期す戒めで、(1)殺生をしない (2)盗みをしない (3)男女の交わりをしない (4)嘘を言わない (5)酒を飲まない (6)装身、化粧をやめ、歌、舞を見たり聴いたりしない (7)ぜいたくな夜具を用いない (8)豪奢な食事をしない、という八つ

の戒律で、これを守ることによって一日だけ、出家と同じ尊い生活ができたことになるわけです。

お釈迦さまは、さらに目連尊者のほかに富楼那尊者を遣わして、人生無常の実相と悪業酬報の恐ろしさを王のために、ねんごろに説き聞かさせました。

こうして幽閉されて以来、三週間経ちましたが、王はその間、わずかながらも韋提希夫人の運んできてくれた食物を食べ、尊い教えを聞いて、すっかり心が慰められていたため、顔色は和らぎ、少しも憔悴したところはありませんでした。

阿闍世の怒りにふれて

一方、阿闍世王は、父王を獄舎に幽閉してから三週間にもなるので、もう餓死したことだろうと思って、守衛を呼び、

「どうじゃ、父上はどうなったか」

と、聞きました。

すると、守衛は意外にも、

「はい、父君はまだご無事でおられます。それというのも母后韋提希夫人が、日々そっと食物を運んでおられますし、目連尊者や富楼那尊者が、空中を飛来してきて教えを説いておられるからです。それをわたしたちの力では、とても制止することができませんので、父君を徹底的に幽閉することは不可能なことです」

と、答えました。

それを聞くと、阿闍世王は大いに怒って、お経には、

「我母是賊、與賊為伴、沙門悪人、幻惑呪術、令此悪王、多日不死」と叫んだと記しています。

すなわち、

「わが母上は賊だ。賊の味方をされるからだ。仏弟子どもは悪人だ。怪し気な呪術を使って不都合な父を、いつまでも生かしておくからだ。もってのほかである」

という意味ですが、そう叫ぶと激怒のあまり阿闍世王は母をひっ捕らえ、剣を抜いて、これを刺し殺そうとしたのです。

事もあろうに子が、その手で母を殺そうとは、なんという悪虐無道。

しかし、そのとき、そばにいた賢明で、思慮深い月光という大臣と、一世にその名をとどろかせていた耆婆という名医が、あわてて、

「大王、しばらくお待ちください」

と、これをさえぎり、こわい顔をして、

「この世が始まって以来、王位を望んで父を殺害した悪王が一万八千人もいたと、ヴェーダ経典には書かれていますが、いまだ無道にもわが母を殺したという者は一人もなかったと言われています。にもかかわらず、今、大王がそのような無道な振舞いをなさるなら、それはまさしく王族の家柄を汚すものです。わたしどもは、とてもそれを黙って見ているわけにはいきません。そん

な人でなしの行いをなさるようでしたら、もはや、ここにおいで願うわけにはまいりません」

と言うなり、剣の柄に手をかけて、今にも飛びかかりそうな身がまえを見せました。

阿闍世王は、二人の剣幕にたじろぎ、

「耆婆よ、お前はどうしてわしの味方になってくれないのか」

と、声を震わせて言いました。

すると耆婆は、

「悪事にくみすることはできません。大王、どうか母君を害するようなことだけは、おやめになってください」

と、心をこめて言いました。

その言葉に、さすがの阿闍世王も後悔の色を浮べ、殺害を思い止まりましたが、母への憎しみはどうしても捨てきれず、役人に言いつけて母君を王宮の奥深い一部屋へおしこめ、一歩も外へ出られないようにしてしまったのです。

広く十方の世界を照らして

お経の記述に従って、事件の推移をたどってみると、そんなことで幽閉の身となった韋提希夫人は、身を切りきざまれるような苦悶の中で、身も世もなく嘆き悲しみ、つくづく業苦の恐ろしさにおののきながら、はるかに耆闍崛山のほうを礼拝して、

「わたしは今、言いようのない憂いに閉ざされています。ご威徳の高いお釈迦さまにおいでいた

だくことは、あまりにもおそれ多いことでございますので、どうか目連尊者と阿難(あなん)尊者をわたしにお遣わしくださいませ」

と、お願いしました。

お釈迦さまは耆闍崛山にあって、おおぜいの人に、ちょうど「法華経」の妙理をお説きになっている最中でしたが、切なる夫人の心の内をお見透しになると、すぐに目連と阿難に言いつけて、空中を飛んで夫人のもとへ行かせるとともに、ご自身も説法を中止して夫人のもとへと急がれたのです。

思いがけないお釈迦さまの、神々しいお姿を拝した夫人は、感激のあまりに泣きくずれ、涙を流しながら、

「わたしは前世で、なんの罪があって阿闍世のような悪い子を産んだのでしょうか。そしてまた、あなたも、どうした因縁で提婆達多のような恐ろしい人を親類に持たれたのでしょか。どうかお釈迦さま、憂いも悩みもない所を教えてくださいませ。来世は二度と再び、こんな嫌なことは見たくありません。わたしに清浄なみ仏のみ国を拝ませてくださいませ」

と、おたのみしました。

そこでお釈迦さまは、眉間(みけん)の白毫(びゃくごう)から光明を放って広く十方無数の世界を照らして、夫人にそれをお見せになったのです。

それらの国をしみじみと拝んだ夫人は、

「今、拝ませていただきました中で、わたしは特に極楽世界の阿弥陀仏のみもとに生れたいと思います。そのためにはどう思惟し、どう正受すればいいのでしょうか」

と、目を輝やかせてたずねました。

これに対してお釈迦さまは、

「阿弥陀仏は、ここを去ることほど遠からぬところにおいでになります。ひとすじに思いを西方浄土にかけ、明らかに阿弥陀仏を観ずるがよろしい。今、わたしは御身のために、そして後の世の凡夫のためにも、その方法を教えてあげましょう」

とおっしゃって、韋提希夫人を代表とする底下の劣機が救われる道を、こまごまとお説きになるのです。

そして、そこにこそ、法に対する〝機の真実〟を明らかにした本経解題の最大重点がかけられていることは言うまでもありません。

6　安らぎの境地を得て

凡夫往生の手だて

さて、この経典も、いよいよその本文（正宗分）にはいり、お釈迦さまは凡夫往生の方法として、ここで「十六観法」をお説きになっています。そのうち、はじめの十三観は、日想観、水想観、地想観など十三の観法を明らかにされており、「定善（じょうぜん）」と呼ばれています。すなわち、「定」というのは対象に向って一筋に取り組んで、散乱することのない精神の作用および状態のことを指すのです。だから、そうした心の状況を保って仏を観想し、浄土を観念して、苦しみに満ちた人生の諸問題を解決する行いが「定善」だ、ということになります。

言うまでもなくこれは、阿弥陀仏の浄土に生れるための方法として、韋提希（いだいけ）夫人の求められるままにお釈迦さまがお答えになったものです。

その一々について詳しく述べるスペースはありませんが、例えば、その第一観法である「日想観」というのは、「浄土を観想しようと思うなら、まず心を静めて西方の落日の姿をじっと観ずるがよい」ということを教えているのです。

真っ赤に燃えた落日の壮観さは、動乱と差別のあさましい現実生活を超えた仏国土の荘厳さを、おのずからに欣求（ごんぐ）させるにちがいありません。と同時に、落日の光景は、必ず訪れる死を通しての人生の極限を痛いほど感じさせて、素直に浄土願生の思いを抱かせるであろうというわけです。

その十三観につづいて「上輩生想（じょうはいせいそう）」「中輩（ちゅうはい）生想」「下輩（げはい）生想」の三観が述べられていますが、これは「散善（さんぜん）」の意を明らかにされたものです。

「散善」とは、廃悪修善ということで、「定善」とは反対に、どうしても散乱してやまない心のままに「悪を廃し善を修する」ことです。

お釈迦さまは、韋提希夫人の求めに応じて「定善」をお説きなさいましたが、その教えに従って定善の観法をおしすすめていけば、韋提希夫人に限らずすべての人間は、定善の願いのままに成就することなど思いも及ばない自分を発見するにちがいなく、したがってお釈迦さまは、そうした一切衆生を摂受せずにはおかぬお心持から、求められるまま、ここに「散善」の教説を開示されたわけです。

そして、先に述べた上中下の三輩の三観を上品(ぼん)上生、中品中生、上品下生、中品上生、中品中生、中品下生、下品上生、下品中生、下品下生の九品に配当して、それぞれに優劣のある九種類の往生を説き、凡聖一切の衆生ことごとくが、定散の善根によって、もれなく往生することができることを説き明かしておいでになるのです。

ちなみに下三品は、言うまでもなく悪を行う凡夫を指し、中でも下品下生者は最底の劣機と言ってよいわけですが、それが救われていくことを経典の上では、どのように説かれているか、少し長いですが、その部分の意訳を引用してみることにしましょう。

「次に下品下生というのは、人々の中で最も重い罪である五逆や十悪をつくり、その他、悪という悪のすべてを犯している者である。こういう愚かな人は、その悪業の報いによって必ず悪道におち、永久に流転して、限りない苦しみを受けねばならない。ところが、こういう愚かな人が命終ろうとするとき、たまたま善知識がその人のためにいろいろと慰め、尊い法を説いて仏を念ずることを教えるのに遇う。しかし、その人はもはや臨終の苦しみに責められ、教えられたとおりに仏を念ずることができない。そこで善知識がさらに、『御身が、もし心に仏を念ずることができないなら、ただ口に無量寿仏の、み名を称えるがよい』とすすめる。よってその人は、真心から声をつづけて南無阿弥陀仏を十声称える。すると、そのみ名を称えたことにより、一声一声の中に八十億劫という長い間の生死の罪が除かれ、いよいよ命尽きるときには、金色の蓮華がちょうど日の光のように輝いて、その人の前に現われるのを見る。そして、わずかな時間のうちに、はや極楽世界に生まれ、蓮華の中に包まれて十二大劫を過ぎてのち、初めてその花が開くのである。そのとき観音、勢至の二菩薩は、慈愛のこもった音声で、広く罪を滅し除く諸法実相の法を説かれる。これを聞いてその人は、ただちに尊い菩提心を起こすのである」（西本願寺版『意訳浄土三部経』）

　韋提希夫人は、五百人の侍女たちと一緒にお釈迦さまのこの説法を聞いていましたが、ここでその説法が終ると、今まで聞いたこともない尊いお教示だったと痛く感激し、心がからりと晴れ、「まことなる道理にかのう安らぎの境地をさとる身となる」（廣瀬杲『無量寿経に聞く』参照）とともに、侍女たちもそれぞれ無上の悟りを求めて、阿弥陀仏のみ国に生れたいと願う心を持ったと述べられているのです。

以上、極めておおまかな説明でしかありませんが、「観経」というお経の成立過程と、その教説の内容についてお話したわけです。

悪人救済と女人成仏

そこで最後に、他の経典に比べて本経が持っている著しい特異点を、次の二つにしぼって、今一度考えてみたいと思います。

その一つは、浄土教の一大特徴である「悪人救済」の教えを説いている点が挙げられます。すでに述べたように、「大経」が法の真実を明らかにしているのに対して、「観経」は、機の真実を示しているものです。「機」というのは、仏の救いの目当てである衆生、すなわち人間の真実価値ということなのです。

では、その「機の真実」とはどういうものかといえば、聖人や賢者でもなく、また智者でも学者でもない。じつは善を求めながらも善のかけらもできず、悪を厭(いと)いながらも常に悪に振りまわされて片時(かたとき)も離れることができない罪業深重(ざいごうじんじゅう)の凡夫を指しているというのです。

すなわち、阿弥陀仏の救済は聖人、智者といった者を目当てにしているのであれば、さして尊い法だとは言えないけれど、底下の劣機こそが救いの対象だからこそ、比べものにならないほど尊高な法であるとして、じつは本願の正機は、最低最下の悪人であることを明らかにしているところに、「観経」の他経とちがう際立った特色があると言わねばなりません。

そして、その最低最下の劣悪な凡夫として、現実生活の中では王妃という最高の地位にある韋提希夫人をもってきたところに、この経典のドラマチックな構成を踏まえた巧みさと、そこから生れる明快な説得性を見てとることができます。

第二の点として、この経典がもっぱら韋提希夫人を目当てに説かれているだけに、「女人成仏」を真正面から述べていることです。仏教では一般に女人は「五障三従」といって、成仏においては非器と定められているわけです。

「五障」とは、女人に梵天王、帝釈、魔王、転輪聖王、仏という五種の者になることができない障りがあることをいい、「三従」は、幼いときには親に従い、嫁しては夫、老いては子に従うもので、いつも何かに従属しなければならない不自由さを持っているものということなのです。

そうした罪深い者ゆえに、仏教修行の場には「女人禁制」という風習が古来からあり、おおかたの経典の悟りからも除かれている形が多いのです。

「大経」の四十八願中の三十五願には「もしわたしが仏になるとき、あらゆる世界の女性がわたしの名を聞いて喜び信じ、菩薩の心に目覚めてわが身を恥らう思いを起こすなら、命終ってのち、再び元の身とならないでしょう。それができないようなら、わたしは決して悟りを開きません」といって、すでに「女人成仏」の約束がありますが、「観経」ではそのことを韋提希夫人に対する実際教化のやり方で、これを顕示しているわけです。ですから、阿弥陀仏の極楽浄土は女人を除外するどころか、女人といえども必ず極楽往生ができることを力強く説き明かしたところに大きな特色があると言ってよいでしょう。

ともかく、「王舎城の悲劇」と呼ばれる凄惨な肉親相剋の絵巻を背景にしているだけに、この二大特色とともに極めて鮮烈な印象を、だれの胸にも刻みつけずにはおかない経典の一つだと言うべきでしょう。

7　阿弥陀一仏を心に

出世本懐の結び　「阿弥陀経」には古来、三種の訳本があると伝えられていますが、現存しているのは玄奘の訳した「称讃浄土仏摂受経」と、鳩摩羅什の訳した「阿弥陀経」の二種類で、浄土諸宗の正依の経典として一般に広く用いられているのは、後者の「阿弥陀経」です。

鳩摩羅什は亀茲国の人で、姚秦の弘始三（四〇一）年に長安（現在の西安）にきて、東晋の義熙九（四一三）年に入寂するまでに、経論四百余巻を翻訳したといわれる名訳経者ですが、このお経は姚秦の第二姚興の勅命を受けて、弘始四（四〇二）年二月に訳し終わったものだと言われています。

「浄土三部経」のうち「大無量寿経」を「大経」、「観無量寿経」を「観経」と呼ぶのに対して、この「阿弥陀経」が、「小経」と呼ばれているのは、すでに述べたとおりです。

では、なぜそう呼ばれているのかと言えば、もちろんそれは前二者が経典の組織記述が大部なのに比して、後者は比較にならないほどの短編だという、形式上の相違が主な理由でしょう。ただ、そういう「大小」の問題だけではなく、この経典は「大経」における阿弥陀仏の本願建立とか、「観経」における九品往生のありさまなどが、まことに端的に要領よく、しかも巧妙に表現されている、非常に重要な経典だという意味がこめられての呼び名であると受け取ったほうが、むしろ本当のようです。

事実、この経典はお釈迦さまの一代の説法のうち、いよいよ涅槃に入られるに当って一番最後にお説きになったもので、一代経の「続経」としての重要な位置を占めているものなのです。

親鸞は、その著『一念多念証文』の中で、

「この経は、無問自説経とまうす。この経を説きたまひしに、如来にとひたてまつる人もなし。これすなわち釈尊出世の本懐をあらわさんと、おぼしめすゆえに、無問自説とまうすなり」

といわれ、この経典は出世本懐の「結び」に当たるものだと示されています。

すなわち、「大経」や「観経」でも出世本懐の教えを述べられはしましたが、その後また「涅槃経」などをお説きになっていますので、一番最後に再び元にもどって、「出世本懐の結び」をされたのが、この経典だというわけです。

そして、入涅槃に当って、ぜひこれだけは説いておかねばならないという、お釈迦さまの押えがたいお気持ちが、他の経典の説相とは違った「無問自説」という本経独自の姿をとっているというのです。

他の経典の説法は、例えば「大経」は阿難の問いによって、「観経」は韋提希夫人の請いによって説かれているというように、必ずだれかの問いによって、これに答える形式をとっています。しかし、本経はだれの問いも待たずに、お釈迦さま自身が自らすすんで、「舎利弗よ、舎利弗よ」と三十六度も呼びかけられて、丁寧に念仏の一法をお勧めになっているわけです。それゆえに、そこには並々ならぬお釈迦さまの大切なお気持ちが凝縮されていると言わねばなりません。

まさに本経こそ、そういう意味でお釈迦さまの会心の経典だというべきでしょう。

極楽浄土への道

さて、本経の内容は大体、次の四つの順序で説かれているということができます。

(1) 極楽浄土の荘厳(依報)
(2) 阿弥陀仏の偉徳(正報)
(3) 極楽往生の因縁
(4) 諸仏の証誠

すなわち、五濁悪世の衆生に願生の心を起こさせるために、最初に、

「舎利弗よ、これより西の方十万億の諸仏の国々を過ぎたところに、極楽と名付ける世界があり、そこには阿弥陀仏と申しあげる仏がおられて、今、現に法を説いておいでになる」

と示して、その阿弥陀仏たる極楽浄土の荘厳が、いかに微妙殊勝であるかを、例えば、

「また池の中には蓮華が咲いていて、その大きさはちょうど車の輪のようで、青色の花には青い光があり、黄色の花には黄色の光があり、赤色の花には赤い光があり、白色の花には白い光がある。そして、それらはいずれもが気高い浄らかな香を放っている」

というふうに、実に絢爛(けんらん)華麗な言葉でいかにそれが何の苦しみもない、さまざまな楽しみに満ち満ちた世界であるかを巧みに描写しているのです。

次に第二段に入って、では、その国の仏をなぜ阿弥陀仏と名付けるかというと、それは彼の仏の光明は無量であって、普(あまね)く十方の世界を照らして行きとどかぬところはないし、何ものにも妨げられることがないので無量光と申しあげるし、その寿命はその国の人々とともに計り知れないほど長い時間にわたっているので、無量寿とも申しあげる。さらに、その光明無量、寿命無量の仏は、仏になられてからすでに十劫という久しい時が過ぎており、しかもその長い間、衆生あわれみの心を持って、一切衆生の往生を待ちこがれておいでになるのだと説いて、

「舎利弗、このように尊い浄土のありさまを聞く者は、まさに願を起こして彼の国に生れたいと思うがよい」

と勧められているのです。

ついで第三段に入って、本経における最も大切な問題である「では、どうすればその国に生れることが出来るのか」ということを、ズバリと次のように指し示しているのです。

「舎利弗よ、彼の安楽国に生まれたいと願うたところで、仏の本願にかなわぬ少ない善根功徳の因縁では生れることができない。舎利弗よ、もし善男善女があって阿弥陀仏のお慈悲を説くのを聞き、その名号を信じて、時の多少を言わないで一心不乱に念仏するがよい。そうすれば命終ろうとするときに阿弥陀仏は、聖衆と一緒にその人の前に現われて下さる。そこでその人は、いよいよ命終るときまで心が乱れ惑うことなく信心の味わいを続けて、ついに極楽国に往生させていただくのである」

すなわち、浄土に往生するためには、凡夫が自分勝手に気のむいた修業をして積み重ねた「少善根福徳の因縁」では、とうていかなわぬことであり、必ず仏成就の「多善根福徳の名号」を聞心し、心をたしかにして他所事を思わず、ただ阿弥陀一仏にすがれば極楽往生はまちがいないと説かれているわけです。

教典本文に表われてくる「執持名号」「一心不乱」「臨終来迎」という問題について、浄土諸宗の間に解釈の相違はありますが、それには触れないことにします。

さて最後に、以上のような教説は、ひとり娑婆世界でお釈迦さまが説かれただけではなく、上下四方に満ち満ちる恒沙の諸仏も、「各々その国で、広く三千大世界に満ちわたるほどの素晴しい舌相を示して、この教えの真実であることを讃嘆し、証誠されている」のだから、決してまちがいのあろうはずはなく、どうかすべての人々は、いち早くこれを聞信して極楽往生をとげるようにするがよい、とその救済の徹底ぶりを強調されています。

以上のように本経は、極めて短い説法ではありますが、「大経」の法の真実、「観経」の機の真実を押えて、極悪最劣の凡夫往生の道は、極善最勝の絶対他力の念仏の信受にあることを、実に直截明確に示した、まさに出世本懐の経典と言うべきです。

以上で「浄土三部経」について、そのアウトラインを述べ終ったわけですが、本経によって顕示された浄土思想は、源平争乱の社会不安による人心動揺と無常感の世相に深く浸透し、その枯渇した心田を潤しつつ今日に至っているわけです。

それだけに、日本国民思想上に与えた、また与えつつある影響は、大きなものがあると言わねばなりません。

第四章 空の世界――般若経

1 護国経典として

二百六十字の最少経典

「まず第一に般若という文字ですが、この言葉は昔から、かなり日本人にはなじみ深い言葉です。たとえば、お能の面には『般若の面』という恐ろしい面があります。また謡(うたい)曲のなかには『あらあら恐ろしの般若声』という言葉もあります。それからお坊さんの間では、お酒のことを『般若湯(とう)』と言います。また奈良へ行くと『般若坂』という坂があり、『般若寺』というお寺もあります。日光へ行くと、たしか『般若の滝』という滝があったと思います。こういうように、とにかく般若という語は、われわれ日本人にはいろいろの意味において、私どもの祖先以来、たいへんに親しまれてきた文字であります」

これは高神覚昇師の、有名な『般若心経講義』という講話集に書かれている言葉です。

般若という言葉は、梵語(サンスクリット)ではブラジュニャー、パーリ語ではパンニャーというのを翻訳語を使わずに、そのインド語の音をそのまま漢字に写したむつかしい文字であるにもかかわらず、たしかに私たち日本人の間に深く浸透している言葉の一つだということができるでしょう。

なぜ、そんなに深く浸透したのか——その最大の理由は、本文の字数がわずか二百六十字にすぎないけれども、この一字一字に「仏のいのち」が躍動していること、そして、経典中で最小編の「般若心経」が、古来ほとんど仏教各宗の間に依用され、日常的に広く読誦されたりして、一般にも非常に親しまれてきたからではないかと思われます。

「親しまれてきた」と過去形で書きましたが、事実は現代人にも親しまれつつあります。「般若心経」の講義や入門といった本は現在、たくさん出版されていますが、いずれもがベストセラー的な売れ行きを示しているようです。

また薬師寺の高田好胤師の発願による「百万巻写経」をはじめ、各地で行われている「写経の会」などでも、すべて「般若心経」が用いられている点からいっても、その関心度の高さを如実に物語っているようです。

そんなところから「般若経」というのは、「般若心経」のことと受けとられる向きがあるのではないかと思います。しかし、これから述べる「般若経」の話は、そのまま即「般若心経」の話ではありません。

と言うのは、「般若経」と呼ばれるものには、たくさんの種類があって、「般若心経」一つに限らないわけです。しかし、それらのすべてのお経に述べられている思想は、一貫して変わることがなく、特に小編ながらも「般若心経」は、その真髄が巧みに打ち出されています。今後、主としてこの「般若心経」の経文によって、解説をすすめていきたいと思います。

般若会と転読

「般若経」と言っても、たくさんな種類があるわけですが、第一にあげなければならないのは「大般若経」です。これは一切経の中でも一番、大部な経典で、正確には「大般若波羅蜜多経」と言われています。

「波羅蜜多」とは梵語のパーラミターを、やはり音写した言葉ですが、松原泰道師は『般若心経入門』（祥伝社刊）で、

「この言葉の内容は、経の本文に出てくる仏道を修める者が実践すべき徳目を総称してパーラミターといい、この徳目を実践してさとりに到達できるところから〈彼岸に至れる状態〉と名付けられます」

と述べているとおり、「完成」あるいは「彼岸に至ること」という意味なのです。

この経典は、なんと六百巻から成る膨大なもので、翻訳者、玄奘が、じつに四年の歳月をこれにかけ、心血を注いで訳出したものだと言われています。そうかと思うと、先にあげた「般若心経」のようなミニ版もあり、他には中ぐらいの「小品般若経」「大品般若経」「仁王般若経」「金剛般若経」「文殊般若経」などと、たくさんの種類があり、大蔵経中の経部の三分の一が、これ

によって占められていると言われています。

般若という言葉の、日本人への浸透の理由は先に述べたとおりですが、その他に「大般若経」の転読とか、「仁王般若経」を講讃する勅会などが古くから行われていて、その行事が一般に親しまれていたからだとも言えるようです。

転読というのは、なんといっても大部な経典を一々読んでいたのでは時間を要するので、適当に省略して読む方法のことです。

普通、それは七五三と言って、各巻の初七行、中五行、後三行だけを読誦して、あとはただ経巻の紙を繰っていくわけです。

経典は折りたたみなので、その繰り方は、かなり派手なものです。東大寺では九月、大安寺では六月、薬師寺では七月に厳修される「般若会(え)」では、この転読が行われているのです。

殊に東大寺の大仏殿では、百八十人のお坊さんが、そろって六百巻の「大般若経」を転読したと言われていますが、そのスケールの壮大さと豪華さが想像できるようです。

転読の作法の起源は、すでに孝徳天皇のころから行われていたようですが、「大般若経」の転読を勅して行わせたのは、元明天皇の和銅元（七〇八）年のことです。以後、春と秋に朝廷ではその法事が勧修され、転読と言えば「大般若経」の読誦にかぎって使われるようになったのです。

転読に対して、その浩瀚(こうかん)な経典をすべて読了(どくりょう)することを真読と呼び、昔のお坊さんは百人、二百人と集まって、その読誦をやったと言われています。ところが、実際問題としてそれはたいへんなことで、現在の作法はすべて転読だと言うことができます。

「仁王般若経」を講讃する勅会を「仁王会」と言いましたが、これは主に鎮護国家・万民豊楽を祈念して行われたもので、その勅会の持ち方には「一代一度」「春秋二季」「臨時執行」など、いろいろあったようです。

深浦正文師の『仏教文学物語』下（文昌堂刊）には、その歴史と模様が詳しく述べられています。少し長いようですが、引用して説明に替えさせに頂きます。

——その一代一度の仁王会とは、斉明天皇の六（六六〇）年五月、勅して、有司をして、一百の高座、一百の袖袈裟を造って本会を修しめたものを初めとし、天皇の御一代に一度修するものであって、以後、引きつづき歴代にわたって大抵行われたようである。

しかし、文徳天皇のころまでは、ただ特別の叡旨に出たのであって、別に一定の制規としてはなかったのであるが、次の清和天皇の時にいたって、初めて一代一度の制規が確立されるようになったのである。

それによれば、まず本尊として釈迦牟尼および菩薩、羅漢（らかん）の像一舗を安んじ、さらに五大力菩薩（五種の大力の菩薩で、三宝を護持する諸王の国土を護る）の像五舗を掛け、講師、読師以下を講じて「仁王経」講讃の典儀が行われるので、その場所は、京都、都外総じて百ヶ所に設けられたから、百座仁王会とも呼ばれる。これは、かく一代一度の法会であるから、じつに即位式についで国家的大行事だったのである。また春秋二季の「仁王会」とは、二月（春季）および七月（秋季）に吉日を選んで執行されたものであり、また臨時の「仁王会」とは、世上疫病災厄等のある場合、臨時に執行されたものである。

かかる法会によって本経（般若経）が、もっぱら国土人民の攘災招福に依用されしところ、はなはだ切なるものがあったという事実に徴してみても、いかにそれが護国経典として重んじられたかの消息を察知することができるだろう――

2 人生を考えるための手引き

空の思想と般若心経

「般若経」が、転読とか「仁王会」などの法式によって、日本人の間に広く浸透しました。

浸透したということは、その心をとらえたということで、何がその心をとらえたのかというと、それはすでに述べたように、さまざまな種類の「般若経」を一貫して、いささかも違わずに説かれている「空の思想」にあることは言うまでもありません。

ところで、その「空の思想」とは、じつは大乗仏教の基調として、あらゆる相対差別の偏執を斥破（せきは）する最も重要な思想で、それはめいめいの体験によって体得するほかはなく、文字の表現などによっては、とうてい理解されるものではないと言われているものです。今わたしはそれを、わずか二百六十余字の小篇ながらも、「般若経」の真髄をたくみに摑（つか）え、かつ日本人に日常的にきわめて慣れ親しまれている「般若心経」一経にしぼって、その思想を学んでみたいと思います。

さて、「般若心経」の漢訳本は、だいたい七種類ほどありますが、平生わたしたちが読誦しているものは、今から千三百年ほど前、『西遊記（さいゆうき）』の三蔵法師として知られているすぐれた訳経家、玄奘の翻訳によるものです。

その経題を、くわしくは「般若波羅蜜多心経（はんにゃはらみったしんぎょう）」と言います。これはサンスクリットの原典にそう出ているのではなく、経文の結末に「般若波羅蜜の心髄おわる」とあるのを、訳経者がその意味をくみとって題名にもってきたものです。

さらにその経題の上に「摩訶」の二字、なおその上に「仏説」がついて、「仏説摩訶般若波羅蜜多心経」という、長々しい題名になっています。学問的にはいろいろと議論がありますが「仏説」は、文字どおり仏のじきじきの説法という意味であり、「摩訶」は、サンスクリットの「マハー」という原語の音写です。そしてそれは、わたしたちが日常会話で使っている「マカ不思議」などの、ミステリー的な意味ではなく、「おおいなるさま（大）」「すぐれたさま(勝)」「おおいさま(多)」などのすべてを抱括した言葉で、松原泰道師はそれを「超越的実存とでも表現したらどうかと考えます」(『般若心経入門』)と言っています。

「超越」とは、時間空間を越えて、いつでも、どこでも、だれにでも実存するものという意味で、そういう心持ちでこの言葉を受けとっていただければいいでしょう。

ところで、すべて本の表題は、その本の内容を最もよく表しているものですが、特にこの「般若波羅蜜多心経」は、その経典の精髄が経題に尽きるとされています。

しばらく諸師の諸説を下敷きに、その意味を味わっていくことにしましょう。

経題の意味するところ

まず「般若」という言葉ですが、これはすでに述べたようにパーリ語の「パンニャー」の音写で「智慧(ちえ)」という意味です。

しかしそれを、なぜ「智慧」と訳さないで原語の音写をもってきたのかというと、「智慧」にはさまざまな「智慧」があるため、まちがって受けとられては困るからです。

さまざまな「智慧」とは、わたしたち凡夫の持つ「智慧」の種類です。おしなべてそれは、ものの道理をはっきりわきまえないところから出てくる「迷いの智慧」で、仏教ではこれを「識(しき)」と呼び、「愚痴(ぐち)」とも言っています。

つまり「痴」という文字が示しているように、「智慧」が病気にかかっているさまで、そのために必ずそこには、いろいろな煩悶や懊悩が起こり、心を苦しめることになると言うのです。

「般若の智慧」は、そんなあさはかな、迷える凡夫の「智慧」を指すものではなく、宇宙の真理を体得したもの、見覚めたもの、悟れるもの、すなわち仏陀（覚者）の持てる「智慧」を指すわけです。

「真理を体得する」というその「真理」とは何かというと、それは、いつでも、どこでも、だれもが、必ずそう考えねばならないもののことだと言えます。高神覚昇師はそれを、有名な『般若心経講義』の中で、

「むつかしく言えば、普遍妥当性と思惟必然性を持ったのが真理です。時の古今、洋の東西を問わず、いつの世、いずれの所にも適応するもの、だれしもがそうだと認めねばならぬものが真理です。古今に通じてあやまらず、中外に施しても取らざるものの道理、それがとりも直さず真理です」

と、説明されています。

その永遠に古くして永遠に新しい真理に目覚め、これを悟ることこそ、「般若の智慧」であり、その不朽の真理をきわめて直截簡明に説いているのが、この経典だということになるわけです。

つぎに「波羅蜜多」ですが、これもまた、サンスクリットの「パーラミーター」の音写で、「到彼岸」という意味であることは、すでに説明したとおりです。

「到彼岸」の「彼岸」とは、言うまでもなく、迷えるわたしたちの不自由な現実世界を「此岸」と言うのに対して、悟りに至った自由な仏の世界のことです。そこへ「到る」とは、「渡る」こ

とで、普通仏教の言葉では「度」と呼ばれています。

つまり「到彼岸」とは、迷える凡夫の世界を離れて、悟れる世界へいくことであり、「仏になる」ことです。

それではどうすれば、その理想の目的地である「彼岸」へ渡り、仏になることができるのか、と言えば、「六波羅蜜」と言われる布施、持戒、忍辱(にんにく)、精進、禅定(ぜんじょう)、智慧の六つの修行を実践することによって到達できると教えられています。その六つの方法を総称して「波羅蜜多」と言うわけです。

最後に「心経」と言うのは、「心」は中心であり、核心であるという意味です。大乗仏教経典はたくさんありますが、その肝心かなめ、真髄と言いますか、それはこの経典に表されていることを示しているのです。

ちなみに「経」という言葉は、これまた高神覚昇師の説明を借りると、

「サンスクリットの『スートラ』という字を翻訳したもので、真理にかない、衆生の機根にかなうというところから『契機』などとも訳されていますが、要するに聖人が説いたものが経です。中国では昔から聖人の説かれるものは、つねに変らぬと言う意味で『詩経』とか『書経』などといっていますが、インドの聖人、すなわち仏陀が説かれたものと言う意味から、翻訳の当時多くの学者たちが考えたすえ、『経』と名づけたものです」

ということになります。

要するにこの「般若波羅蜜多心経」は、その経題にその内容がはっきり示されているわけで、「人生の目的はいったい何なのか」「どうすれば悟りの世界へ行けるのか」、「仏の境地に入ればどういう心になれるのか」といったことを、圧縮された、短い、しかも適切な言葉で説きあかした、古くして永遠に新しい聖典です。

したがって、この経典こそ「人生如何に生くべきか」ということを真剣に考える現代人に、まず、真っ先に読まれなければならない本です。

そして、いち早くその中心思想である「空の哲理」を学びとって、「到彼岸」の道を見つけ出してもらわねばなりません。続いて経典の本文にしたがって、じっくりとそれを味わって行きたいと思います。(参照、高神覚昇『般若心経講義』、平凡社『世界教養全集』10に所載)

3　因縁の理法を知るために

観自在菩薩の悟り

「般若心経」の書き出しには、

「観自在菩薩(かんじざいぼさつ)、深般若波羅蜜多(じんはんにゃはらみった)を行ずる時、五蘊皆空(ごうんかいくう)なりと照見して、一切の苦厄(くやく)を度(ど)したまへり」

という短い言葉がすえられていますが、この第一段はきわめて重要で、ここに「心経」の中心思想が凝縮されているといっていいのです。それ以下は、この第一段をいろいろな面から説明する形をとっているのです。

さて、この言葉ですが、まず「観自在菩薩」というのは、「観世音菩薩」すなわち「観音さま」のことで、翻訳者玄奘が原語アヴァローキティシュバラの意味を、より正確にあらわそうとして、そういう訳語を使ったわけです。

だから、いずれも意味は同じで「自由自在に世間のこと、人々の心の悶えを観察されて、人がひとたび南無観世音と念願するならば、自由無碍なる力によってかならず救ってくださる」という働きを持った菩薩ということです。いいかえると、お釈迦さまの「悟り」の内容としての「慈悲」を象徴化した仏さまということになります。

その「観自在菩薩」が「深般若波羅蜜多を行ずる時」というのは、「深」は「般若波羅蜜多」にかかる形容詞で深遠幽玄ということ、「般若波羅蜜多」は、すでに述べましたとおり、「到彼岸」への修行方法としての「六波羅蜜」のことで、それを「行ずる時」とは、「観自在菩薩」がその修業を身をもって体験された時ということです。

では、その体験を通じて菩薩は何を「悟られた」のかというと、「五蘊はみな空であるということを照見され、一切の苦というものを滅して、この世に理想の平和な浄土をうちたてられた」

と書かれているように、「五蘊皆空」ということを照見されたということが、「悟られた」内容のいちばん大切なポイントだということができます。

それでは、その「五蘊皆空」とはどういうことかというと、「蘊」という言葉の意味は、「働きをしながら寄り集まっているもの」ということで、人間をはじめとしてすべての「存在するもの」は、つぎに述べる五つの要素が仮に和合してできたものだというのです。

五つの要素というのは、「色、受、想、行、識」の五つであり、「色」というのは、精神に対して形ある物質のこと、人間でいえど肉体のことを指しているのです。五つのうちこれが物質的存在であり、あとの四つは形のない精神の作用のことです「受」というのは感覚、感情のこと、「想」とは、知覚、表象のこと、「行」とは、意志、その他の心の作用のこと、「誠」とは、対象を分析分類して認識する知識のことをいいます。

つまり、すべて「存在するもの」は、こういう有形の物質と無形の精神の五つが、たまたま集合することによって形成されているものに過ぎないというのです。

したがって、確かにそこに実体として、ものが存在するかのように思うけれども、それはただ、そう見えるだけで実体というようなものは何もない。なぜならば、それは五蘊が仮に寄り集まって形成されているものであるかぎり、いつかはかならず散じていくもので、それが離散すれば、存在するかのように見えていたものは、たちまち雲散霧消してあとになにも残らない、「空」であるというわけです。

「照見」とは、「空」でない存在は一つもないということを、「あきらかにみきわめる」ことですが、「あきらかにみきわめる」とは、そのまま「般若の智慧」にめざめさせてもらうということです。

いいかえるとそれは、すべての存在は「空」であると気づかせられることによって、ものに「執われる心」を捨て去ることができ、その「執われる心」が根源となって起こる、あらゆる苦厄から救われることになるというのです。

「観自在菩薩」は、その「空」を親しく体験されることによって一切の人生に苦悩を克服されて、この世に苦厄のない浄土を建立されたわけで、わたしたちもまた「観音さま」と同じように、「五蘊皆空」という厳然たる事実に、いち早く気づかせてもらわなければならないと教えられているのです。

しかし、その「空」は、「五蘊」が離散すれば、たちまち存在が雲散霧消してあとに何も残らないということですが、それではまったく何も「ない」のかというと、実はそうではなく、「ある」のです。

変に混乱したような論理でナゾめいていますが、ここでいう「空」には、それほどに複雑で深遠な意味がこめられており、「心経」の本文では、それをつぎのように解明しているのです。

「舎利子よ。色は空に異ならず。空は色に異ならず。色はすなわちこれ空、空はすなわちこれ色なり。受想行識もまたかくのごとし」

空の背景をみつめる

これは第一段につづく言葉で、「空とは何ぞや」ということを、お釈迦さまの十大弟子の一人で、智慧第一といわれた「舎利弗（しゃりほつ）」を相手に、それは「色即是空、空即是色」だとお説きになっているわけです。

この言葉は一般に広く知られてはいるものの、その意味は深甚であり、この短い巧妙な表現の中に、大乗仏教の根本原理があますところなくふくまれているといっていいでしょう。

しかし、それだけにきわめて難解な言葉で、その真意の把握はむつかしく、ましてこれを説明しようとしても、ほんとうは、「般若の智慧」にめざめないかぎり、説明しつくせるものではないかもしれません。

しかし、もっぱら先師のご講義によりかかり、ごく簡単にその大要をさぐってみることにいたします。

ところで「空」ということを理解してもらうためには、その「空」の背景となり、根底となり、内容となっている「因縁」を、先に知ってもらわねばなりません。

もちろんそれは、「空」の根底となり、内容となっているものですから、べつに離れてあるものではなく、「因縁の真理」というものを、ほんとうにつかんでいただいたところから、「空」という「照見の世界」が出てくるわけです。

お釈迦さまが菩提樹下で正覚を成ぜられたのは、実に、この「因縁の真理」を体得されたことであることは、すでにご存知のとおりであり、それを「教え」としてすべての人たちの前に説き示されたのが仏教です。

したがって「因縁の理法」こそ、永遠不滅の真理であり、仏教の根本思想は、かかってこの「因縁」の二字につきると言ってもいいくらいに大切なものなのです。

それでは、その「因縁」ということはどういうことかというと、くわしくは「因縁生起」、すなわち、すべてのものは原因結果の関係（因果律）によってのみ生れてくるものではなく、その間に「縁」が加わることによって生起すると説明するものであり、そのことをまた「縁起」ともいうのです。

すなわち「因」は原因で、結果を生みだすための直接の力になるもので、「縁」とは、その「因」をたすけて「果」を生ぜしめる間接の力になるものです。

そしてその場合、いくら「果」を生み出す「因」があっても、それに「縁」が加わらないかぎり、絶対に「果」は出てくるものではないというのが「因縁の理法」です。

その関係をあきらかにする例としてよくあげられるのは、「一粒の籾」というつぎのような話です。

籾は稲という「果」を生ぜしめる「因」ですが、それを机上に置いてたのでは、いつまでたっても「果」はあらわれてきません。それを土にまき、雨や日光や肥料など、そういう力が加えられることによって、はじめて芽をふき、稲という「果」に成長します。すなわち「因」という直接の力に、「縁」という間接の力が和合することによって、「果」が生れてくるというわけです。

そして「因縁」によって生じてきたすべてのものは、時間的にも空間的にも、ことごとく切っても切れない不離不即（ふりふそく）の関係にあるもので、ぽつんと孤立して独存しているものはないのです（これを無尽（むじん）の縁起関係という）。

しかもそうした「因縁生起」のすべてのものは、それゆえに永遠に常住なるものは一つもなく、つねに変化し流動している仮の一時的な存在でしかなく、刻々に移り変わっていく（諸行無常）もので、実体などさらにないところから、これを「色即是空」といったわけです。

4　一期一会の尊さを知る

否定を否定する

すべてのものは、因縁によって生じたもので実体はなく、「色は空に異ならず」で、「色即是空」ということですが、しかし、ここでいう「空」とは、「有」（存在）に対する「無」というような、「なにもない」ことではないのです。

です。

「なにもない」ように見えるけれども、「空は色に異ならず」で、ちゃんと「ある」というのです。

たいへん有名な一休禅師の「年ごとに咲くや吉野のさくら花　樹を割りてみよ花のありかを」という歌を、ご存知と思います。

この色あざやかに咲きみだれている満開の美しいさくらの花、（いつまでも咲いているのではなく、やがて、散ってあとかたもなくなってしまう花）、その年ごとに咲く「花のありか」を、樹を割って探してみても、どこにもみつからないのです。

それを「空」というのです。

しかし、みつからないから「なにもない」のではなくて、その「なにもない」ように見えるところから、春になったら枝いっぱいにきれいな花を咲かせるのです。

それが「空は色に異ならず」で、「空即是色」ということなのです。

つまり、あるように見えるものは、すべてないのだと否定し、今度はそれをもう一度否定して、ないように見えるものは、すべてあるのが、「色即是空、空即是色」ということで、それこそ仏教の根本思想であり、万有（すべてのもの）の真相であるというのです。

なんだか謎めいた論理にみえるかもしれませんが、実はそこにこそ「般若における空論」の深遠なる意味がたたえられているといわねばなりません。

さて本文では、その「空の相」について、つぎのように述べています。

「舎利子よ。この諸法は空相にして、生せず、滅せず、垢つかず、浄からず、増さず、減らず」

これは諸法、すなわちあらゆる存在は、みなことごとく「空」なのだから、生じたとか滅したとか、汚ないとかきれいだとか、ふえたとか減ったとかいうけれども、それはものに囚われた差別の偏見で、全体的な立場からいえば「不生不滅、不垢不浄、不増不減」であるというのです。

「不」というのは、否定語で「空の相」として「六つの不」が示されていますが、なにも六つにかぎったことではなく、大切なのは「不」の意味を体得することでなければなりません。

「般若における空」とは、「無」ということではなく、じつはこの「不」という意味、すなわち万有に対する執着の心を排斥することがその趣旨なのです。

この言葉によって相対差別の偏見を捨てさせ、「空」といっても単なる「空」ではなく、「有」に即した「空」であり、「有」といってもまた単なる「有」ではなく、「空」に即した「有」すなわち「真空妙有の境地」が、万有の真相であるというわけです。

「不生不滅」という「不」について、昔からよくあげられているわかりやすい例に、「波と水」のたとえがあります。

「波」という現象は、「水」が生滅起伏している状態で、その現象面から見ると、たしかにそれは疾風怒濤といった「生滅」のすがたを現わしているものですが、しかしそれを「水」という本体そのものの上から見ると、何の変化もなく、疾風怒濤そのままが「不生不滅」のすがたであるといえるわけです。

それをわたしたちは、生じたといってはよろこび、滅したといっては悲しんでいますが、それはとりもなおさず「生滅」に執着し、それにひきずりまわされている「迷いの心」でしかなく、その偏見を捨てて「不生不滅」の真理、「不」の意味、「空」の思想を会得しなければならないというのです。

おろかな偏見を捨てて

さて、お経の本文には、つづいてその「空」のことを説明して、つぎのようにいっています。

「是の故に、空の中には色もなく、受も想も行も識もなく、眼も耳も鼻も舌も身も意もなく、色も声も香も味も触も法もなく、眼界もなく、乃至意識界もない」

たいへんこみ入った説明になりますが、簡単に本文の解説をすると、第一に「色、受、想、行、識」というのは「五蘊」ということで、そのことについては先に述べたように、すべてのものはその「五つの要素」が因縁によって仮に和合し成り立っているに過ぎず、解体すれば消えてなくなるので、まぎれもなく一切は「空」だというのです。

つぎに、「眼、耳、鼻、舌、身、意」というのは、「六根」ということであり、わたしたちの身心の感覚作用のことですが、身心の構成要素である「五蘊」が「空」ですから、そこから出てくる「六根」もまた「空」であることはいうまでもないというのです。

つぎの「色、声、香、味、触、法」とは、「六境」であり、「六根」の対象となるものですが、これもまた因縁によって仮に存在するだけのもので、その本体は「空」でしかないというわけです。

最後に「眼界もなく乃至意識界もない」といっているのは、乃至というところに、「耳界、鼻界、舌界、身界」の四つが省略されており、「六根」が「六境」を認識する作用のことで、ここでは「領域」といった意味の「界」という言葉が使われていますが、普通には「識」という字が用いられて、これを「六識」と呼んでいます。

そしてその「六識」も、目に見えるものが刹那刹那に滅し去っていくように、そのことごとく、やはり因縁所生の「空」であるということを、あきらかにしているものです。

つまり、この一段は「五蘊」はいうまでもなく、「六根」「六境」「六識」とあわせて「十八界」のすべては、仮の存在でしかないところから、「一切は皆空」であるということを説明しているのです。

それなのにわたしたちは、日常生活の中で、いかにもそれが確かなものを踏まえての考え方であるかのように、「この眼で見たのだから、まちがいはない」とか、「この耳で聞いたから、確かだ」とか、「それを経験したのだから、ほんとうだ」などというような言い方や考え方をしています。

しかし、それはとりもなおさず、自分というものに執着し囚われた「おろかな偏見」というべきで、ここに示されているように、いちはやく「般若の空」を把握(はあく)体得して、その「迷い心」を捨て去るべきだというのです。

「般若の空」に徹すれば、いうまでもなくこの世の中のすべてのものは、物と心(五蘊)の和合によって成り立っているのだから、いつまでもそのままに存在しているものはひとつもなく、つねに変化し流転しつづけているものであること(つまり「諸行は無常」で、「万物は流転する」ということ)に気づきます。

そして、すべてのものは、因縁所生のものであるかぎり、他となんのかかわりもなく、それが単独に存在するものはなく、必ず相互依存関係にあるということが、当然すんなりと理解されねばなりまん。

その「宇宙の真理」にめざめたとき、たよるべからざるものに執着して、喜怒哀楽することの「むなしさ」から脱出することができるのです。そればかりでなく、一切のものは分秒も止まることなく刻々に移り変わっていくかぎり、自分が生きている「今日」という日は、自分の生涯において、二度と再びやってこない、かけがえのない貴重な「一期一会」の「今日」であるという「尊さ」がわかってきます。

そしてその貴重な「今日」を「生きている」ということが、相互依存、つまり、もちつもたれつによって成り立っているのではなくて、実は他の力によって「おかげさま」で、「生かされているのだ」ということが、しみじみと感得されるに違いありません。

その「知恩の心」というものは、必ず「感謝の心」につながるものですが、そこにこそわたしたち人間の真実の「生き方」（生かされ方）があるのです。

そしてそれは、とりもなおさず「般若の空」の思想を体得するところから出てくることを繰り返し念をおすように示しているものです。

5　真理を生かす道

四諦八正道もなし

お経の本文には、つづいて、

「無明もなく、また無明の尽くることもなく、乃至、老死もなく、また老死の尽くることもなし」

とありますが、それは「十二因縁」といって、お釈迦さまが悟りを開かれたときに、人生無常変遷の原因を追求して「無明、行、識、名色、六入、触、受、愛、取、有、生、老死」の十二の形式によって、その内容を説明されているなかの、そのいちばん始めの「無明」（迷いのもとである無知ということ）と、いちばん終りの「老死」（老衰して死滅するということ）とをあげて、「般若の空」を悟るならば、迷いの根本である「無明」などあるはずはないと否定し、さらに今度はもう一度それを否定して、「無明」の「尽くること」絶滅されるということもない、それと同じ論法で「老死」などもあるはずはないが、といって「老死」がなくなるということもないと述べているのです。

たいへん込みいった言い方をしているようですが、それを解りやすく言いかえると、「空の思想」を会得し身につけるならば迷いというものは消えてなくなるものではないけれども、それがあるままにそのことに囚われて惑わされるということもないし、「老死」はあってもそれに執着するといったことなく、すなおに「老い」すなおに「死」んでいける、そういう生き方をすることができる、と言っているのだと解釈していいでしょう。

この文につづいて、本文では、

「苦集滅道もなく、智もなく、また、得もなし、無所得を以ってのゆえなり」

と述べていますが、この「苦集滅道」というのは、これを「四諦」といって、「苦諦」（人生は苦であるという真理）、「集諦」（その苦の原因は煩悩と業であるという真理）、「滅諦」（煩悩を滅し苦から離れたところに涅槃寂静の悟りの世界があるという真理）、「道諦」（その涅槃に至るべき方法は八正道を修業することであるという真理）の「四つの真理」をさし、それが、お釈迦さまの教えの根本をなすものです。

すなわち、六年間にわたる苦行を捨てられ、スジャータという娘のさしだす牛乳を飲んで気力をとりもどしたお釈迦さまが、ガャーのほとりにある菩提樹下に静坐して四十九日目の十二月八日、明けの明星のかがやくころ、ついに悟りを開かれたといいます（成道）。その内容というのは、とりもなおさずこの、「四諦」の真理であると言っていいわけです。

そして、その煩悩と業にふりまわされた苦しみのなくなった涅槃寂静の悟りの境界に到達する道として示されたのが「正見」（正しくものを見る）、「正思惟」（正しく考える）、「正語」（正しく語る）、「正業」（正しくふるまう）、「正命」（正しく生活する）、「正精進」（正しく努力する）、「正念」（正しく道を思う）、「正定」（正しく心を集中する）の八つの道、「八正道」であるとして、いちはやくそれに励んで、理想の境地である涅槃に到達しなければならないというのです。

ところが「空」の立場からすると、その大切な「苦集滅道」もないというのです。「四諦、八正道」もないというのです。

ということは、どういう意味かというと、ただ「四諦」だ「八正道」だと聞かされて、それを覚え知るだけでは、すぐにそれは観念をもてあそぶことになってしまい、それでは駄目だと言っているわけです。

「四諦」の真理をほんとうに生かす道は、そんなものなどあるものかと、否定のかたちで突き放したところにでてくると言っているのです。

そしてつづいて、「智もなく、また、得もなし」と言っているのは、「十二因縁」も「四諦」も「八正道」もない、一切皆空だと悟るのは般若の智慧を体得したからではあるけれど、だからといってそんな智慧があるなどと思ってはならない。そんな智慧をもてば何かの利益や功徳があるなどと思うなら、それこそとんでもないまちがいで、そんなものは、まったく何ひとつない境界なのだと言っているのです。

論理的には、なんだか妙にこんがらがってしまいますが、じつはそこに「空の妙理」の魅力があるのだといわねばなりません。

その何もない理由として、「無所得を以ってのゆえに」ということをあげているのは、世の中の一般のことはなにもかもが、ことごとく、「損得」「利害」といった打算的な考え、つまり「有所得」の考えで動いていますが、それとはまったくうらはらな、計算を超越した「無所得」の心で動くところに、ほんものの生き方があるのだという心持ちをふくめて、一切諸法は因縁によって仮に存在しているものであるかぎり、自性はなく、「空」であり、したがって「無所得」なのだということを明らかにしているものです。

迷いの中の悟り

つづいてお経には、

「菩提薩埵は般若波羅蜜多によるがゆえに、心に罣礙なし。罣礙なきがゆえに、恐怖あることなく、（一切の）顚倒夢想を遠離して、涅槃を究竟す」とでていますので、ごく簡単にその意味をたどってみることにします。

「菩提薩埵」とは、菩薩のことです。「菩薩」というのは「覚有情」といって「悟れる人」の意味で、人生に目覚めた人のことですが、自分ひとりが見覚めているだけでなく、他の人をも見覚めさせようとする（利他）人のことを言います。

その菩薩と言われる人は、「般若波羅蜜多」すなわち「到彼岸の智慧」を身につけて、諸法は皆空だと大悟徹底しているので、その心境は「罣礙」すなわち、ひっかかるもの、心を拘束するものがなにもありません。したがって自由自在に動くことができます。

「罣礙」がないので、「恐怖あることなし」で、ものにおびえ恐れること、なんの心配も不安もないというのです。

つづいて「顚倒夢想を遠離して、涅槃を究竟す」とあるのは、「顚倒」を辞書でひくと、「ひっくりかえること」「さかさまになること」「うろたえさわぐこと」とでていますが、これはもともと仏教語で、「道理をそのとおりにみないで、さかさまにまちがってみること」という意味です。

「八正道」の「正見」とは反対の「倒見」ということで、真理に対してそれとはまったく逆な人生観、世界観をもつということです。「夢想」というのは、「顚倒」とほぼ同じことで、ないものをあるように思う「妄想」、あるいは「幻覚」、「錯覚」ということなのです。

つまり「菩薩」は、般若の智慧によっているので、そういう「顛倒無想」の錯倒した見方から遠く離れ、それを克服超越して「涅槃を究竟す」ることができるというのです。

「究竟」とは「究極」「終極」「最後」のことですから、最終無上になる涅槃することができるのだというわけです。

ところで、その「涅槃」とは言うまでもなく「寂滅」「寂静」などといわれる、迷いの心、煩悩を断ち切った境界のことですが、この「涅槃」の受け取り方について、小乗と大乗の考え方が、その趣意にたいへん相違のあることを見逃してはなりません。

小乗の教えでは、この苦しい世の中に生れてきた原因は、過去の煩悩と業によるもので、それを断除したところに最後の理想である、涅槃寂静の境地が開けるわけで、したがってその煩悩を断除するためには、戒、定、慧の三学といわれる修業を厳しく実践していかなければならない、としています。

これに対して、大乗の教えでは、そんなふうに煩悩を断除することにのみとらわれて汲々とするよりも、もっと大事なことはその本体をみつけることにあるというのです。

つまり究極目標の悟りというものは、じつは煩悩とその本体は一つで変わりがなく、たまたま、そのはたらきが異なっているに過ぎないというのです。

たとえば渋柿は、そのままだと渋くて食べられませんが、それを干して甘柿にすると、渋柿そのままが甘くなって、おいしく食べられるようなものだというのです。

渋いからといって捨ててしまっては、おいしい甘柿がえられないのと同じように、渋柿も甘柿も本体には変わりはなく、ただそのはたらきを異にしているだけだから「迷い」を一転して「悟り」となるようにしなければならないというのです。

くどくいうと煩悩による「迷い」の中に「悟り」があるというのであり、その涅槃に到達する道は、「般若の智慧」を体得するよりほかはないということを、くり返し示しているわけです。

6 仏教の真髄を凝結して

真言は一字に千理を含む

つづいて経文には、

「三世諸仏も般若波羅蜜多(はらみった)に依るが故に、阿耨多羅三藐三菩提(あくのたらさんみゃくさんぼだい)を得たまえり」

と出ています。

「三世」とは、過去、現在、未来で、「無限の時間」を指し、同時に「十方」(東西南北の四方、東南、東北、西南、西北の四維、上下の二方)すなわち「無限の空間」の意をふくんでおり、「無限の時間と空間に在(おわ)す諸仏」

のことです。

「阿耨多羅」とは「無上」ということ、「三藐」とは「正しい」ということ、「三菩提」とは、「あまねく悟る」ということで、合わせて「無上正等覚」（この上もない真実の悟り）ということです。

それで、この経文の意味をわかり易くまとめると「三世の諸仏もみなこの般若の智慧によって、まさしく悟りを得られたのだから、わたしたちもまた般若の智慧を磨くことによって、みなともに仏道を感じ、真の菩提の世界へゆかねばならない」ということになります。

ここで「心経」で説くべきことは一応終り、その総まとめとして、なお次の言葉が続きます。

「故に知るべし、般若波羅蜜多は、これ大神呪（じゅ）なり、これ大明呪なり、これ無上呪なり、これ無等等呪なり、よく一切の苦を除き、真実にして虚（むな）しからず」

「呪」という字は、のろい、まじないと取る先入観が、わたしたちにはありますが、仏教語として使用された時は、もちろん、そんなマジック的な意味ではありません。

「まことの言葉」（真言（しんごん））ということで、「大神呪」は、霊妙不思議な真言、「大明呪」は、光り輝やく真言、「無上呪」は、最上の真言、「無等等呪」は何ものにも比較出来ないすぐれた真言、すなわち「般若波羅蜜多」には、そういう四つの大きな功徳のあることを明らかにしたものです。

そして、それほどにすぐれた「般若の智慧」を磨いて、単に概念として受けとるのではなく、実感として身体で実践するならば、自分の苦しみはいうまでもなく、他人の一切の苦しみを除きうる、真実にして疑うべからざる真理であるということを「よく一切の苦を除き、真実にして虚しからず」と示されているわけです。

そして、経文の最後の言葉として、

「故に般若波羅蜜多の呪を説く。すなわち呪を説いて曰く、羯諦羯諦、波羅羯諦、波羅僧羯諦、菩提薩婆訶、般若心経」と述べられているのです。

つまり、これは「一字に千理を含む」といわれるように、深遠な意味を持っている、先に述べた「呪」の内容、すなわち「心経」二百仲十六文字を凝縮して「四句の呪文」に表現しているのです。

いうまでもなくこの言葉は、原語の言葉をそのままに音写されたもので、玄奘があえてそれを翻訳しなかったのは、翻訳することで、その言葉の意味（妙趣真義）がそこなわれると思ったからに違いありません。

今ここに、強いてその意味を探ってみますと、「羯諦」というのは「行くこと」、「波羅僧」とは「彼岸へともどもに」ということなので「波羅僧羯諦」は「凡夫が仏の世界（彼岸）へ到着して仏といっしょになれる」ということになります。

「菩提薩婆訶」とは、「菩提」は悟り、「薩婆訶」は速やかに成就する、満足するということです。

ですから「四句の呪文」は、「自分も悟りの彼岸へ行った。そして、他の人もまた、悟りの彼岸へ行かしめた。あまねく一切の人を、みな行かしめ終った。かくてわが悟りの道は成就された」というような意味になるわけです。すなわち「仏道の完成」です。

それゆえに、この「四句の呪文」は「心経」の真髄が示されているばかりでなく、八万四千の法門、一切の経典の真髄が凝結されており、したがって、仏教は十三宗五十数派と、宗旨や宗派は異っていても、それらすべての宗旨宗派の教義は、みなことごとくこの中にふくまれているというのです。

最後に「般若心経」という言葉が添えられているのは、原典には「といって、般若波羅蜜多心経を説き終れり」という言葉がついていますが、別にあってもなくても、かわりのない言葉なので、玄奘はわざとそれを省略して、ただ「般若心経」という語だけをつけ加えたのです。

悟りへの道ひたすらに

「心経」は、二百七十六文字で表現された最小の経典であるというので、その経文をいちいちたどって話をすすめようとしたのがまちがいで、思わず長々と述べてきましたが、これだけのスペースでは到底説き明かされるものではありません。

大変、骨張った粗雑な解説となり、申し訳なく存じております。弘法大師も「文(もん)は一紙に欠け、行は則(すなわ)ち十四、謂(い)ふべし、簡にして要、約にして深し」とおっしゃっているように、経典は簡潔に要約精選されておりますが、その一つ一つの言葉の意味は深遠微妙です。

これを機会に仏教の真髄である「心経」をさらに深く味わって頂きたいと念願しています。とにかく「空の思想」というものは、仏教の根本理念なのですが、これは「公開せる秘密」などといわれて、誰にもほんとうにわかっていない「謎」のようなものなのです。それをこの「般若心経」では、すでに調べました通りに、「色即是空」と「空即是色」の二つの立場から説明しています。前者は「空」のもつ否定の方面、後者はその肯定の方面ですが、その否定と肯定、無と有の双方が弁証法的に統一、総合された把握によって、はじめてほんとうの「空の思想」が理解され、それがすなわち「般若の智慧」だというわけです。

しかし、理論的に頭だけで納得したのではなんにもならず、自分の体温を通じて実感として受けとり、これを行じ実践しなければ、ほんとうに理解したとはいえないだけに、大変むずかしいことだといわねばなりません。「心経」には、そのことについては一言も触れてはいませんが、「空」のほんとうの認識には、「空」と表裏一体の関係にある「因縁の理法」を知るというのが、なによりも大切なことです。

すでに「五蘊皆空」ということの解説でくわしく述べた通り、すべてのことを「因縁生起」と受けとらねばならないのに、わたしたちは日常生活の中で、「因」から直接に「果」が生じるように考え、「因縁和合」の上での「結果」とは、なかなかに気づかないのです。

それが「迷い」で、「迷い」はそのまま「苦しみ」ということなので、四苦八苦の苦しみの中でのたちまわらねばならないわけです。

「因縁の理法」を諦かにみることができるのは「般若の智慧」(心経の空観)であり、それがそのまま「悟り」になることは幾度か述べたとおりです。

それだけに理論的理解はさておき、ほんとうの理解である、これを「体得」するということは、多少のことでは、底下の凡夫であるわたしたちには出来そうにないと思われます。

しかし、天平宝字二年の八月に下された淳仁天皇の詔勅の中に、

「摩訶般若波羅蜜多は、諸仏の母なり。四句の偈等を受持し読誦すれば福寿を得ること思量すべからず。之を以って天子念ずれば、兵革、災難、国散に入らず。庶人念ずれば、疾疫、癘気、家中に入らず、惑を断ち、祥を獲ること、之に過ぎたるはなし。宜しく天下諸国に告げ、男女老少を論ずることなく、口に閑かに、般若波羅蜜多を念誦すべし」

と、その一字一句には無量無辺の深い意味が含まれているから、ただ読誦しただけでも功徳と利益があるから、しずかにこれを念誦せよと述べられているのです。

さらに弘法大師も、

「真言は不思議なり、観誦すれば無明を除く。一字に千里を含み、即身に法如を証す」

といって、般若の真言こそまことに不思議な力を持ち、ただこれを誦えただけでも無明の煩悩をとり除き、そのまま速やかに成仏することが出来ると教えられているのです。

聖典に「人身受け難し今すでに受く、仏法聞き難し今すでに聞く、この身今生に向って度せずんば、いずれの生に於てかこの身を度せん」と示されているように、わたしたちが生きるということは「仏になる道」をみつけ出すということであり、開悟することであることはいうまでもありませんが、上記の詔勅や弘法大師のお言葉をかみしめながら、「般若の智慧」すなわち「悟りの道」をひたすらに歩ませてもらわねばなりません。

第五章　求道の遍歴――華厳経

1　等正覚の真相を明かす

三本の華厳経

「華厳経」というお経は、数多くある大乗仏典の中で「法華経」「涅槃経」「無量寿経」などと共に、古来もっとも重要なお経だといわれているもので、少なくとも大乗仏典を知ろうとする者にとっては、見過ごしてはならない大切なお経だといわねばなりません。

このお経は、お釈迦さまが菩提樹下において悟りを開かれて（成道）、仏陀となり、その場において、最初になさった説法だといわれています。

しかし説法といっても、その悟りの内容があまりにも崇高遠大な絶対の境地なので、普通の言葉ではとても表現することができないため、仏陀はじっと瞑想に入られて、終始一言ものを言っておられないのです。

しかし、その仏陀の威力を受けた諸菩薩、諸天神が、口ぐちに仏陀の徳を讃仰することによって、その証悟の世界を表現するという形式をとっているのです。

説法は、だいたい聴く相手があって、その相手に適応するような、さまざまな説き方をするもので、他のすべてのお経はそういう表現形式をとっていますが、その中で「華厳経」だけが、正覚を成就された仏陀の真相をそのままに開顕しようとしているので「称性（しょうしょう）の本教」すなわち諸経の本源となるお経だといわれています。

このお経には、新旧二種類の漢訳があります。

旧訳の方は六十巻本で、東晋の時代の仏駄跋陀羅（ぶつだばつだら）の訳したもので「六十華厳」と呼ばれ、新訳の方は八十巻本で、唐の時代（則天武后のとき）の実叉難陀（じつしゃなんだ）の訳したもので「八十華厳」と呼ばれています。

両者はいずれもその全訳ですが、「八十華厳」の方が巻数が多いのは、実叉難陀が異本をもって旧訳と補正校合しているからで、それだけ詳細を極め、完備したものになっているということができます。

そのほかに、新訳が出て百年ほどたって、同じく唐の時代（徳宗のとき）の般若三蔵（はんにゃさんぞう）の訳した、四十巻本の「普賢行願品（ふげんぎょうがんぼん）」というのがあって、「四十華厳」と呼ばれています。

これは般若が、新訳の一部分である「入法界品（にゅうほっかいほん）」を、他の独立の梵本によって訳したもので、しかもその叙述が四十巻にもわたっているだけに、極めて濃やかに説かれているばかりでなく、新旧のいずれにも出ていない重要な記事なども含まれているので、一部分の訳とはいいながら、古来、新旧と並んで「三本華厳」として重視されています。

三本いずれも詳しいお経の題号は「大方広仏華厳経」といいますが、「大方広」とは、宇宙の根本実在である真如の妙理、いわゆる真理というものを体、相、用の三面から明らかにした言葉です。

すなわち「大」とは、その真理の体が万有を包合しているということで、「方」とは、その相が万有の規範となっているということであり、「広」とは、その用が万有に周遍するということをあらわしているものです。

そして「仏」とは、いうまでもなくその真理を悟った仏陀ということですから、「大方広仏」とは、つまり仏陀の正覚というものは、それほどに尊高深遠なものであるということを表現した言葉だということになります。

「華厳経」の「華厳」は「雑華厳飾」ということで、いろいろなきれいな花で飾り立てるという意味で、凡俗にはとうてい、うかがい知ることのできない、絶対無比のその正覚の内容を、諸菩薩や諸天神の口をかりて、さまざまな花のように開顕したのが、このお経であるということを示しているわけです。

しかし、なんといっても、幽玄崇高な妙理をありのままに開顕しようとして、いわゆる「海印三昧一時炳現の説法」といって、澄清静妙な大海の水面にたとえて、その妙諦を写象しています。じつに巧妙な象徴的表現がとられており、その構成が「七処八会」といって、地上、天界にわたる七つの場面における八つの法会といった設定のもとに、極めてドラマチックに展開されています。このような点から、古来より、仏教経典中、最高の文学的価値をもったお経として有名であり、わが国においても諸種の文化に深い影響を与えているものです。

「華厳経」が、そのようにお釈迦さまの正覚の内容を説きあかしているのは、その境涯こそが、一切衆生の行きつかねばならない、もっとも高い理想世界であることを領受させ、しかしそこへ到達するためには、遠くきびしい菩薩としての修業の道を踏まねばならず、その困難な道を明らかに示すことによって、いちはやくそれを踏み越えて妙境に悟入することをすすめるためであることは、いうまでもないことです。

変現自在の八法会

「七処八会」というこのお経の舞台構成は、いま、地上での「麻竭陀国菩提樹下の寂滅道場」（地上三場所）かと思えば、たちまちにして天界の「忉利天宮」（天界四場所）へ移動し、また地上の「熙連河畔の普光明殿」に舞いもどるというように、変現自在な八法会をくりひろげます。そして、このうち前の七法会においては、毘盧舎那法身がその主人公です。

「毘盧舎那」とは、サンスクリット語をそのまま音写したものです。光明遍照という意味で、三千大世界の最高の統一者として万有の上に遍満し、常住している真理のことで、それを人格的にとらえて「法身」と呼ぶわけです。

菩提樹下において成道されたお釈迦さまは、外見は苦行にやつれ果てた見るかげもない、一介の沙門に過ぎません。しかしそれは、凡眼に写る皮相な観察であって、その正覚の内容からすれば、それがそのまま「毘盧舎那法身」とし、その統率する世界を「蓮華蔵世界」というのです。

法会における主人公は毘盧舎那法身、すなわち仏陀といっても、先に述べたように仏陀は終始瞑想にふけられて、一語も発せられないわけですから、一会一会にはそれぞれ中心人物がいて、天界における法会をのぞいては、普賢菩薩と文殊菩薩の二人がその主役を演じています。

文殊菩薩は智の代表者であり、普賢菩薩は行の代表者なので、仏陀の正覚の妙趣を、智と行の二つの面から開顕しようとしていることになります。

しかし、文殊の「智」は、理論ということであり、普賢の「行」は、実践のことで、両者がうち揃ってはじめて正覚に到達することができるのです(それを智目行足といいます)。

その場合「智」というのは理論としての出発点として、もちろん軽視すべきものではありませんが、等正覚を完成させるものは、なんといっても「行」という不断の実践がなければなりません。

そこで、どちらかというと特に普賢の「行」に重きがおかれ、舞台が天界から再び地上へもどってくると、文珠も出席はしていますが、普賢の説法が長々とつづくのです。

そこで説かれているのは、十信、十住、十行、十四向、十地の五十の階級と、さらに「等覚位」と「妙覚位」を加えて五十二の菩薩修行の段階で、わけても肝要なのは「十地」ということで、それは修行楷梯の第四十一位から五十位までを指します。

そこまで行けば無漏智が生じて仏性を見、聖者となって仏智を育てたもつと共に、普く衆生を守護り育てる（上求菩提・下化衆生）ことができ、さらに「等覚位」「妙覚位」を経て、五十三番目の最後の段階である「仏の位」に到達するというのです。

そして、この「華厳経」の最後の大きな場面が、いわゆる「入法界品」です。

そこでは、善財童子という青年を主人公に、文珠菩薩の指導によって五十三人の善知識をつぎつぎと歴訪させ、最後に普賢菩薩のところへもどってきて法界への悟入を完成させるという、極めて興味深い求道物語となっているわけです。

山を越え、川を渡っての、その血のにじむような難行苦行の求道の旅の、バラエティに富んだおもしろさといい、ひとたび志を立てたら一歩も後へはひかないという善財童子の金剛不壊の信念など、まるで小説のように述べられていて、古来、すぐれた宗教文学としてその価値を高く評価されているものなのです。

2 善知識歴訪への旅立ち

善財童子と文殊菩薩

「入法界品」は、「華厳経」における、最後の最も大きな法会で、そこで主役を演ずるのは、すでに述べた通り、善財童子という青年求道僧です。

その青年が文殊菩薩の指示にもとづいて、南へ南へと五十三人の善知識を歴訪し、「入法界」すなわち毘盧舎那法身(びるしゃなほっしん)の境地に悟入するというのが、「入法界品」の構想です。

それではその善財童子は、どういう人物なのかというと、彼はある国の貴族階級の出身で、その家はたいへん富豪であったといわれています。

彼が受胎した時には、彼の家の七つの宝の蔵から、七宝の楼閣(ろうかく)が現れ、彼が誕生した時には、彼の部屋におのずから五百の宝のうつわが並ぶといったような、不思議な吉兆(きっちょう)が現われたのです。家の人たちがバラモンの占い師を呼んでみてもらうと、この童子は、昔たくさんの善根を積み、長いあいだ菩薩の行を修めてきたことがわかりました。

そこで、その占い師は、彼の前途に幸多からんことをことほいで、この不思議なできごとにちなんで「善財」という名をつけたのだといわれています。この名前は、まことにめでたい呼び名といわなければなりません。

わたしたちにとって、何がいちばん貴い財宝かというと、みんなは、争って金銀珠玉を求めておりますが、そんなものは、ほんのうわっ面だけの財宝にすぎません。永遠真実の財宝として貴ぶべきは、ただ善根を積むということ以外にはないからです。

なおここで、ちょっと断っておきたいことは、善財童子の「童子」という称呼についてです。「童子」は国語的には幼童のことで、古い仏像などにも、そういうあどけない姿として刻まれているものがあって、なんとなくそういうイメージを思い描かれがちです。

しかし、経典にでてきて「童子」と呼ばれているのは、むしろその精神を指し、求道において非常に熱心な様子を、ひたむきで至純な幼童にたとえたものですから、青年という程度に受けとってもらえばいいわけです。

さて、善財童子が、青年になったころのことです。

祇園精舎においては、集まってきた多くの菩薩たちを、お釈迦さまは「大悲を首として」獅子奮迅三昧（獅子がとびだして相手をたおすように、なんのおそれるところもなく、滞るところもない説法三昧のこと）に入って、清浄の法を楽しませ、悟りに安住させられました。すると、会座につらなっていた文殊菩薩は、閑かに立ってお釈迦さまに一礼すると、祇園精舎を辞して、そこからずっと南の方にあたる伽那（ガヤー）へゆかれました。伽那というところは、昔の諸仏が苦行されたところで、今度は智慧の文殊がその修業の座についたというわけです。

ところが、文殊菩薩がここへ来られたということを知った大衆が、先をあらそって四方からこの地へ集合し、説法を求めました。そこで文殊菩薩は、伽那の東方にある荘厳憧沙羅林の塔廟(とうびょう)のほとりで、「普照一切法界経」という貴い教法をお説きになりました。

その聴衆のひとりに、青年善財童子がつらなっていたというわけです。したがって、善財童子がこれからつぎつぎと遍歴する五十三人の善知識の中の第一の善知識が、この文殊菩薩ということになります。

懊悩煩悶の告白

うっそうと茂った、したたるような緑と、神々しい感じのする塔廟の美しい建物を背景に、文殊菩薩は、正しく教えに随順させるために法を説こうとして、はたして求道の心はどんなものであろうかと、集まっているおびただしい群衆のひとりひとりを、くまなくお見渡しになりました。

すると大衆の中に、きわだって気高い容姿の童子のいることを発見し、文殊菩薩はいたくこの童子に心ひかれました。

そこで文殊は、彼に向って、

「童子よ、わしは、おん身のために最も正しい微妙の法を説き聞かせてあげるから、よく聞くのだよ」

と告げて、諄々(じゅんじゅん)と説法いたしました。

善財をはじめ聴衆のいずれも、これを聞いて非常に感動し、これから修業に精進しようという心を起こしました。

この様子を見た文殊菩薩は、満足そうなほほえみをもらされながら、そこからさらに、南の方に向って遊行(ゆぎょう)されることになりましたが、善財童子も胸に湧(わ)き起こってくる法悦をかみしめながら、さらに文殊から仏の功徳を聞き、仏の智慧を求めようと一行に加わって、ともに南行します。

そして、これまで悩み続けてきた自分の胸中の懊悩煩悶(おうのうはんもん)を、つぎのような偈を唱えて告白いたします。

迷いを城とし　高慢の心を垣とし
もろもろの悪趣を塀とし　けがれの愛を堀となす
愚痴の闇に覆われて　悩みの火は燃えさかり
悪魔は心の王となり　迷える童子うちに住む
むさぼりに心縛られ　へつらいに正しき行やぶられ
疑いは知恵の目を障(さ)えて　もろもろの邪道をめぐる
ねたみに心縛られ　餓鬼の苦を受け
生老病死にせまられ　もろもろの悪趣をめぐる

すなわち、述べようとしている意味は「わたしは高慢な心を持ち、愛欲の思いに溺（おぼ）れ、愚痴の暗に閉され、瞋恚（しんに）の焔（ほのお）にあおられて、はてしなく迷界に流転を続けている、手におえない愚か者であります」ということで、そう自分のありのままの姿をさらけ出した後へ、さらに菩薩の徳を讃嘆した、つぎのような偈を唱えています。

清らけき知恵の日と　まどかなる慈悲の輪とは
煩悩の海をつくさん　願わくはわれを見そなわし給え
清らかな月の知恵の月と　けがれなき慈悲の輪とは
すべてを照らさざるなし　願わくはわれを照し給え
菩提の願をそなえ　功徳の蔵（くら）をつみて
すべてを恵みたもう大師よ　願わくはわれを救い給え
忍辱のよろこびをまとい　知恵の剣をとり
魔軍を降す大師よ　願わくはわれを救い給え
妙法の須弥（しゅみ）に住まいて　妙定（みょうじょう）の天女はべり
阿修羅（あしゅら）を降す帝釈（たいしゃく）よ　願わくはわれを見そなわし給え
すべてのけがれを離れ　すべての苦悩を照らす

明(あき)らけく浄き世のともしびよ　願わくはわれに道を示し給え
もろもろの悪道を遠のき　もろもろの善趣(ぜんしゅ)にかよう
解脱の門を開いて　願わくはわれをこの世より超えしめ給え
転倒の思いに住む　生死の苦に迷うわれに
清浄の知恵の目をもって　願わくは解脱の門を開き給え

（『仏教説話文学全集』四）

すなわち、述べようとしている意味は「慈悲円満、知恵最勝の尊者よ、どうかこんなわたしが解脱の妙果を得られますよう、菩薩の道をお教え下さい」と、嘆願しているわけです。

文殊菩薩は善財童子のその切々たる心情を知ると、うれしそうにその顔を見ながら言いました。

「よいかな童子よ。おん身がそこまで真剣に求道の心を起してくれたことは、よろこびにたえない。その心こそ菩薩の修行の根本である。実際求める者には、必らず与えられるにちがいない。そこでおん身は、これからはひたすらによい師を求めて直接その人を訪ねて行き、その人に親しみ、敬い、供養して、一心に悟りの道を開き正すがよい。いちばん大切なことは、かたときもその求道のひたむきな心をゆるめず、もっぱら努力して怠らないことである。決してそのことを忘れてはならない。幸いに、これから南の方に可楽(からく)という国があって、功徳雲比丘(くどくうんびく)という人がおられるから、その人をさっそく訪ねて行って、しっかりと菩薩の道を聞き正してくるがよい」

善財童子は、文殊菩薩の指示に従って、南へ南へと旅を続け、第二の善知識として功徳雲比丘の教えを受けると、そのつぎは比丘の指図に従ってつぎの人を訪ねる、というように、順次、その善知識の選んでくれた人を、五十三人訪ねることになるわけです。

しかし、それは大変興味深くはありますが、そのいちいちについては書けませんので、そのうちほんの二、三、その様子を摘記してみることにいたします。

3　愛欲世界のかなたに

第二十六番目の善知識　善財童子が、第二十六番目に訪ねていったのは、険難国の宝荘厳城という都市に住んでいた婆須蜜多（ばしゅみった）という女性です。

彼女は、その市の繁華街に近く、おどろくばかり豪華絢爛（ごうかけんらん）な広壮な邸宅に住んでおりました。

経文には、その豪壮さを、

「十重にめぐる宝の垣には、宝の多羅樹が植えてあり、十重の堀には、黄金の砂が輝き、清らかな水はあふれ、青、紅、白のハスの花が咲き匂って、心のけがれを浄めている。宝をちりばめた宮殿、台観、楼閣には、妙なる匂いがただよい、軒に垂れる黄金の鈴は、朗らかな音とともに、雪のように花をふらす」

と描き出されています。

いかにそれが数奇贅沢、栄華の極みをつくしたものであったかがうかがわれます。

それに加えて、彼女の容姿がまたすばらしく、これまた経文の描写によりますと、

「婆須蜜多の美しさは、比べるものもなく、肌は金色に輝やき目も髪も紺色に澄み、肉体はふくよかに、手も足もやさしく伸び、声は美しく、あらゆる技芸学問に通じている。

頭には天冠をつけ、身には瓔珞をかけ、多くの人々に取り囲まれて坐っている。彼女の身からは光が放たれ、その光に触れる人々は、よろこびと楽しみの心を生じ、身も心も柔和で従順になり、悩みもうすれていった」

というように示されています。

絶世の美人であったばかりでなく、その美しさが、あらゆる技芸学問に通じているところからにじみ出てくる、品格と教養に裏づけされているだけに、その身から光が輝やき出るようにさえ思われ、その光が、やさしく、ゆかしく、つつましく周辺の人たちを包み込むような女性であったようです。

したがって、そのころ彼女は世間の人たちから「いったい何者だろう」と怪訝な目で見られ、「謎の女」として、いろいろと取り沙汰されていたようです。

「婆須蜜多」ということばは、「天友」または「世友」と訳されるのだそうで、経文の中の天界

は亨楽を意味するところから、人生における「亨楽の友」をあらわしていることになり、男性を相手にする「遊女」または「太夫」といえるわけです。

事実、婆須蜜多のまわりには、常にさまざまな男性が動いていたようで、そうでなくてもあらぬ風評をたてたがる世人は、彼女のことを善くも悪くも言っていたようです。

そのことは、善財童子が婆須蜜多を訪問する姿を見て、

「見れば正しき智慧を求めて仏道修業をする熱心な青年で、情欲や愛念がありそうにも思えないが、どうしてあのような多くの男子を翻弄して、自分の歓楽や栄耀の餌にしているような妖婦を訪ねていくのであろうか。今にきっと、あの女の毒牙にかかって堕落するだろう」

という者がいたかと思うと、またある人は、

「あの青年は、ようこそあの女を訪ねられた。おそらく智慧のあるあの女に会うことによって、人生にとって重大な問題である愛欲の毒矢を抜き、色香に迷う心を破ることができるであろう」

と、いいました。

善財童子が、婆須蜜多を訪ねて行ったのは、第二十五番目の善知識である、難忍国の獅子奮迅比丘尼の勧めによるものでしたが、言うまでもなくその意図は、人間生活にとって愛欲は、その基盤をなす重大な問題であるだけに、それをどう取り扱うかということを問い正すためであると言えます。

婆須蜜多の十の希願

さて善財童子は、婆須蜜多の美しさと、その生活の豪華さに驚きながらも、進んで彼女の足を礼拝し手を合わせて、

「わたしは、無上の悟りを求める心を起こして、諸国を経(へ)めぐってまいりましたが、まだ菩薩の道を知りません。どうかお教えいただきたく存じます」

とたのみました。すると婆須蜜多は、

「童子よ、それはよくおいで下さいました。わたしは、欲を離れた浄い世界に達しておりますから、わたしを訪ねて来て下さる誰彼(だれかれ)に対して、決して好悪の感情は持ってはおりません。ですから、天人がわたしを見れば、わたしは天女となり、人間がわたしを見れば、わたしは人間の女となり、修羅(しゅら)や羅刹(らせつ)が見れば、わたしは修羅や羅刹の女となって、そこに少しも偏頗(へんぱ)な区別はいたしません。そしてわたしは、わたしのところへ来る方は、どなたでも皆、欲を離れ、執着の心を捨てた清浄な世界に入らせてあげたいと思っています。それにつきましてわたしは、次のような十の希願をもって、なんとかしてそれをかなえたいものだと望んでいるのです」

と答えて、その十の希願を、次のようにあげています。

(一) 若し衆生有って、欲に纏(まと)はるる者、来って我が所に詣でなば、其が為に法を説いて、皆悉く欲を離れ、無著の境界三昧を得しめる。

(二) 若し我を見ること有らば、歓喜三昧を得む。

㈢　若し衆生有って、我と語らむ者は、無碍（むげ）の妙音三昧を得む。
㈣　若し衆生有って、我と手を執らむ者は、一切の仏刹（ぶっさつ）に詣でる三昧を得む。
㈤　若し衆生有って、我と共に宿らむ者は、解脱光明三昧を得む。
㈥　若し衆生有って、目に我を視む者は、寂静諸行三昧を得む。
㈦　若し衆生有って、我が嚬伸（ひんしん）を見む者は、壊散外道三昧を得む。
㈧　若し衆生有って、我を観察せむ者は、一切仏境界光明三昧を得む。
㈨　若し衆生有って、我が阿梨宜（ありぎ）せむ者は、摂一切衆三昧を得む。
㈩　若し衆生有って、我が阿衆鞞（あしゅび）せむ者は、諸功徳密蔵三昧を得む。

平易な言葉になおしてみますと、次のようになります。

「わたしのところへ来るならば、欲を離れ、執着のない境界に入らせ、わたしを見るならば、清きよろこびを得させ、わたしと言葉を交わせば、自在の妙なる音を知り、わたしの手をとれば、仏の国に遊ぶ力を得、わたしと一緒に宿れば、解脱の光に触れ、あかずわたしを眺むれば、心のしずけさを得、わたしの顔のしかめる様を見れば、外道を破る力を得、わたしを観察すれば、すべての仏の光に照らされ、わたしを抱擁すれば、すべての人を救う力を得、わたしに接吻すれば、すべての欲を離れて、もろもろの功徳の蔵を得ることができます。このようにしてわたしは、わたしのところへ来る人たちを、欲を離れた清らかな心にしています」

ということになります。

この十の希願のすべては、明らかに官能的なものにつながっていますが、特に第四の「我と共に宿らむ者は」というのは、同衾することであり、第九の「阿梨宜」と第十の「阿衆鞴」は、原語「アーリンギタ」と「アーチュンピン」を音写したもので、翻訳者もこれをそのまま訳するのをはばかったのでしょうが、前者は「抱擁」、後者は「接吻」という意味で、言いかえると、性的行為を交えるということなのです。

しかし、ここで注意しなければならないのは、せめてそういう関係を手がかりとしてでも、そこに仏縁を結び、相手を悟りの境界にすすみ入れたいという、切なる希願が燃えたっていることです。つまり、そこに大乗仏教の包容思想の妙趣があるといっていいわけで、人間本性の感情を、むりやりに抑制するのではなく、むしろ巧みに止揚して、それを超克したところに、悟達の世界があることを示しているのです。

愛欲世界をくぐりぬけたかなたに、離欲無私の悟りの境涯があることを語った婆須蜜多は、

「童子よ、わたしの持っているところは、ただこれだけで、大菩薩たちのような広大な智慧の世界などは、わたしは知りません。この城を出て、さらに南の方へ進んで行きますと、首婆波羅という城があり、そこに安住という長者がいますから、そこへ行って菩薩の道を聞きなさい」

と善財童子に教えます。

大乗仏教の真髄は、決して形式的な戒律にしばられているような狭いものではなく、「治世産業皆順正法」、すなわち在家在俗の日常生活の中に、正法のあることのありがたさを教わった善財童子は、ひきつづき、つぎつぎと、さまざまな階層の善知識を訪ねる長い旅をつづけるのです。

4 実践行を柱として

再び文殊のもとへ

出家在家を問わず、上下貴賤あらゆる階層にわたる善知識を歴訪しての、遙けくも遠く長き善財童子の求道の旅は、いよいよ終幕を迎えることになります。

すなわち善財童子は、第五十二番目に海潤国の弥勒菩薩を訪ねて、

「大聖よ、どうしたら菩薩の道を満たすことが出来るのでしょうか。どうしたらすべての仏法を学び、すべての人を救うことができるのでしょうか」

と尋ねますと、弥勒菩薩は自分をとり囲んでいる天人や龍王などを顧みて、

「菩薩の道を問うて、頭上に燃ゆる火を満たすような勇猛なこの童子の求道態度を見るがよい。この童子は、文殊菩薩の教えを受け、求め求めて百に余るよき師に会って、今わたしのところに来たのだ。この童子のように直ちに大乗を学ぶ者は、はなはだ稀で、このような人はなかなかい

ないし、ともに親しく住み、ともに道を修めることは、なおむつかしい。この童子はこの上ない菩提心を起し、あらゆる善き師に尋ねて道を問い、身命を捨てて人を救わんとしている。かくてこの童子は、菩薩の行を満たし徳をそなえ、大いなる智慧の海に入り、さわりなき空の中に遊び、すべての道を得てあらゆる人々を救っている」

と、善財の徳をほめたたえて後、善財に向い、

「童子よ、お前は限りなき時を経ても見聞しがたいもろもろの聖者に会って、その願行の所得を聞き、ことごとくこれを体得することができたことを喜ばねばならない。久しからずして、大いに果報を得るであろう。限りなき時にわたって修める菩薩の行を、お前は今、わずか一年の間になし遂げてしまったが、それはなおき心と精進の力によったからである。童子よ、わたしが説き示そうとするところは、みな普賢の所行である。過去の仏たちは一心に菩提を求めてこの行を修め、時を重ねてあらゆる世界の中に無限の苦を受けられたけれども、善き師にまみえず、その行を満たすことができなかった。お前は今それを、ことごとく成就することができたのである。

この行を聞く者は仏の浄き解脱を得て、大いなる願いを満たすことができるであろう。

童子よ、お前はこれから再び文殊菩薩のところへ行って、もう一度その指示を受けるがよい。文殊こそお前にとっては、またとない善知識といわねばならない」

と、ねんごろに教示します。

そのあと菩薩の道について教えを受けた善財童子は、静かに弥勒菩薩を敬礼して別れを告げ、求道のふり出しであった文殊菩薩のところへもどって行きます。

文殊菩薩はたいへん喜ばれ、右の手をさしのべて、やさしく善財童子の頭をなでながら、経文の描写を借りると、

「よいかな童子よ、もし信根を離るれば、憂悔に心没れ、功行具わらず、精励を失い、わずかな功得を足れりとし、一つの善根にこだわって菩薩の限りなき行願を発すことができぬ。かくて善知識に摂護せられず、如来の憶念したもうところとならず、如是の法性、如是の理趣、如是の所行、如是の所住を了知することを得ず、もしくはあまねく知り、種々に知り、源底を尽くし、ようやく進み入ること、もしくは解脱し、分別し、証知の獲得等みな知ることを得ず」

と教戒されているのです。

この言葉をわかり易く言いかえれば、次の三つのことをいっています。

その第一は「信」ということが何より大切で、信根を離れたら修業も何もできないということです。それはちょうど、着物を縫うのに糸の結びをつけないようなもので、やってもやっても後から抜けて何の意味もなさず、ついに精進の心を失い、わずかな功徳善根に満足して、幽玄不思議な法を知ることはできないというのです。

第二には、ものの真相、すなわち「如是相」を知るということです。「信」を失った場合は真

智が芽ばえないから、小さな自戒がはびこって、ものの外側だけしかわからず、その中心に突っ込むことができないというのです。

第三には「如是の法性、如是の理趣、如是の所行」すなわち、もののありのままなる性、ありのままなる理、ありのままなる動き、ありのままなる立場というものは「信」のない智慧では摑むことはできない。つまり「さとり」をひらくことができないことを言っています。

このように文殊菩薩は、善財童子のために諭し慰めて、善財の心を喜びに震えさせ、大きな智慧の力を得せしめ、おのずから普賢菩薩の道場へ行き、その行願を聞こうという願いを起こさしめると、まるで自分の教化が終ったかのように、いつのまにか善財の前からその姿を消しているのです。

その間の状況を山邊習学師は『華厳経の世界』（世界聖典刊行協会刊）のなかで、

「童子はネジをかけられた人形のごとく、飛躍する力を蓄えられることができたので、いわば電流はもう通ぜられている。ハンドルをまわせば車が走り出すにちがいないという状態に置かれた」

と述べています。

このようないきさつを経て、いよいよ善財童子は第五十三番目の最後の善知識である普賢菩薩を金剛蔵道場に訪ねて、その行願を聞き、その究竟の理想を成就することになります。

普賢菩薩から聞いた行願とは、「普賢行願品」（四十華厳）に説かれている「十種の大願」ということです。

十種の大願

㈠ 礼敬諸仏（諸仏を敬礼する）
㈡ 称讃如来（如来を称讃する）
㈢ 広修供養（広く供養を修める）
㈣ 懺悔業障（業障を懺悔する）
㈤ 随喜功徳（功徳に随喜する）
㈥ 請転法輪（転法輪を願う）
㈦ 請仏住世（仏住世を願う）
㈧ 常随仏学（仏学に常随する）
㈨ 恒順衆生（常に衆生に順う）
㈩ 普皆廻向（普く廻向を喜ぶ）

つまり、それは願生往生の行というわけで、善財はそれによって阿弥陀（あみだ）仏国極楽往生の大法を信受して、大願の海をきわめ、真実の世界の「さとり」に入って、一切の仏と同じように一身を一切の世界に満たし、一切の人を救うことのできる身になることができたのです。

こうして善財童子の、身命を投げうった、長くきびしい求道の旅は、所期の目標を達成して終りました。

しかし、言うまでもなくこの善財の巡歴は、お釈迦さま自らの求道の心路を象徴的に表現したもので、見逃してならないことは、善財は文殊の「智」を根底に、それに導かれて五十三人の善知識を歴訪することによって、実際にそれを「行」として体験したことです。

つまり、実践のともなわない「智」だけの理論的理解は、いかに玄妙（げんみょう）な哲理を取り扱おうとも、空理空論に過ぎないのです。

仏教は「智」を踏まえて、あくまでもこれを実践するところにあることが強調されているのです。しかし、その真髄は「普賢の行願」に示されているように、「本師阿弥陀仏の救済によって往生の大志を遂げるよりほかにない」ことこそ、刮目（かつもく）すべき結論だといわねばなりません。

しかもそのことは、さまざまなバラエティーをもった五十三善知識によって巧みに表現されているように、従来の出家戒律の中に堅く閉ざされていた仏道の門戸を在家止住の生活に解放し、縛解（ばくげ）一如の世界（煩悩と解脱が相即不離だということ）こそ、もっとも尊い仏教の究極であることを示しているのが、特に「入法界品」の深広無涯の仏意の所在であると受けとらねばならないのです。

これで一応よちよちながら「華厳経」の解説を終らせていただきますが、もちろん、極めて深広な本経について、わずかにその一端を述べたに過ぎません。これで、まっとうに受けとれたなどとお考えいただくことは、わたしのもっとも恐れるところであります。諸学者の著述も多く出ているこことであり、これをほんの足掛りとして、さらに研鑽を深めていただきたいと思います。

第六章　世を救うねがい――金光明経

1　一般信仰を集めて

仏法護持の四天王

「金光明経」というお経は、「法華経」・「仁王経」とともに古来、鎮護国家の三経と呼ばれ、わが国では古くから現世利益を願う代表的な経典とされています。

その第一として名高いのは聖徳太子で、物部守屋を討伐されたときに四天王の像を造られて、〝もし戦いに勝つことができたならば四天王寺を建立しよう〟という願いをたてられ戦勝とともに排仏の首魁の滅亡を記念して、永く国家の惑乱を見ないようにと、守屋の所領であった摂津の荒陵の地に建立されたのが、今の四天王寺というわけです。

この四天王の護国とは、「金光明経」の第六章に「四天王護国品」として説かれていて、四天王とは仏法護持の四種の天王を指しています。

すなわち須弥山の東方にいるのが持国天、南方にいるのが増長天、西方にいるのが広目天、北方にいるのが多聞天で、この四天王がほかの諸天善神を代表して仏前において、この経を奉持する国家およびその人民を守護し、国難をのぞき、福祉を与えるというのが、その経意なのです。

つづく「正法正論品」にも、帝王の治国化民の要諦が述べられ、王道の本義は正法によった政治でなければならないと示されています。そうしたところから、このお経は「護国経典」として国家社会に、多大の歓迎を受けて流行したわけです。

中国においても、古くから功徳利益の多い経典として尊ばれ、インドと中国の間をしばしば往復していた摂摩騰は、あるとき敵国の兵が自分の国に侵入してこようとしたおり、この経を奉ずれば国難危害をまぬがれるという経意を固く信じて、一身を賭して調和に当たったところ見事に成功したという話が伝えられています。

また、天台大師も随の開皇十四年に「金光明経」を講義したところ、その感化によって一県一千余か所の漁夫が漁業を止めて、「金光明経」の信者になったともいわれ、その盛業は、はるかに他経をしのいでいたようです。

こうした影響を受けて、わが国でも四天王信仰が古代から次第に高まり、四天王像を塑造して、これを安置崇敬するという風習ができたようです。しかし、それはおそらく、その護国性が、わが国の国民性と合致したからであるにちがいありません。

すなわち天武天皇の時代には、このお経がしばしば講義され、それによっていろいろの法会が起ったことが、『日本書紀』や『続日本紀』などの記録に出ていますし、持統天皇の八年五月には「金光明経」を諸国に奉安して、毎年正月には講義を行うように定められています。

そして聖武天皇の御代になると、神亀五年には全国に勅して十巻本の「金光明経」を奉安させました。さらに天平十三年三月には、ついに天皇は詔勅を出して天下の諸国、その国ごとに僧寺と尼寺を建立させ、僧寺を「金光明天王護国之寺」、尼寺を「法華滅罪之寺」と称して、「金光明経」と「法華経」を安置させたのです。

その後、称徳天皇のおりに大極殿で行う「御斎会」が始まっていて、それは淳和天皇の時代に起った薬師寺の「最勝会」と、すでに斉明天皇のころからあった興福寺の「維摩会」とともに「南京三会」といわれる三大勅会で、勅使が差し遣わされた天皇親修の、きわめて重要な法会でした。「維摩会」では「維摩経」が読誦され、「御斎会」では「金光明経」を読み、それを講義し説法したことは言うまでもありません。

いや、そればかりではなく、仏教の種々の法会の中では、この経典が最も多く読まれたり、あるいは講説されたりしているのです。したがって、わが国の文化発達の上に、このお経が多大な関係をもっているということができます。

大乗精神の普及

さて、「金光明経」は古来、翻訳が五種類あったと言われています。そのうちの二種類は、早くから散逸していて伝わっていません。そこで現存しているのは、北中国の北涼（ほくりょう）に来た訳経僧、曇無讖（どんむしん）によって訳出された四巻本の「金光明経」と、唐の時代に宝貴（ほうき）によっていろいろな訳を合わせて作られた「合部金光明経」という八巻本、さらに今一つは唐の時代、義浄によって訳出された「金光明最勝王経」の十巻本があります。

そのうちの曇無讖と義浄の訳は、前者を旧訳といい、後者を新訳といって、本経について語るときには必ず挙げられるものです。

ただし、義浄による新訳ができたのは唐代の則天武后の長安三年のことで、ちょうど、わが国の文武天皇の大宝三年に当たります。そんなところから、その時代以前に喧伝（けんでん）されていた「金光明経」はもっぱら曇無讖の旧訳だったことはいうまでもなく、それゆえに新訳は奈良時代以後に流行したものである、と言うことができます。

この二つの中で義浄訳の新訳は十巻にものぼり、内容の文義が詳しく述べ尽くされている点から、時代が下がるにしたがって「金光明最勝王経」のほうが、多く親しまれたようです。

その内容は、

一、序品。二、寿量品。三、懺悔品。四、讃嘆品。五、空品。六、四天王護国品。七、大弁天神品。八、功徳天品。九、堅牢地神品。十、散脂鬼神品。十一、正法正論品。十二、善集品。十三、鬼神品。十四、授記品。十五、除病品。十六、流水長者子品。十七、捨身品。十八、讃仏品。十九、嘱累品。

の十九章からできています。

そのうち六の「四天王護国品」と十一の「正法論品」については、すでに述べたとおりですが、二つの「寿量品」は仏寿無量を説いているもので、「法華経」や「涅槃経」の影響を受けて述べられています。

また、五の「空品」は「般若経」の空思想を受けて書かれ、三の「懺悔品」は、十地とか十行といったことについて述べており、明らかに華厳思想によっているということができるわけです。

とにかく、この「金光明経」という経典は、大乗仏典中でも代表的で重要な思想をもつた経典を集大成しているものですが、その流行とともに大乗精神を一般大衆に徹底普及させる上で、大きな力があったといっても言いすぎではありません。

なぜなら、特にこのお経は、これを読誦し、書写する者の功徳を非常に高く認め、この経を信奉する者は、いかなる人といえどもたちまちに無量の利益を受けることができる、と書かれているからです。

それればかりではありません。「四天王品」にはその国の人々が本経を粗末にして、恭敬、尊重、讃嘆しなければ、四天王は護国を放棄し、国を去ってしまうというのです。そこから戦争が起り、大地震、暴風雨などの天災が続発して人々は餓死し、凍死し、他国から侵略されて悲惨な目に遭うと書かれています。

しかし、国王をはじめ人々が、この経を大切にし、供養し、読誦、讃嘆するならば、その国は安穏にして豊楽、大地は豊穣となり、天災地変もない。そして、善政をもって国を治める国王は、四天王をはじめとして弁財天、吉祥天、堅牢地神、鬼子母神などに守られ、この上ない平和な国を打ち建てることができる、と述べられています。

かくて、このお経は鎮護国家、現世利益のすぐれた経典として、盛んな一般信仰を集めることになったわけです。

2　釈尊の前生をとおして

医術の奥義を説きつつ

古代のインドでは、医術が非常に発達し、医学的知識が広く一般に普及していたようです。

仏教においても、お釈迦さまは教化に当たって、修道のためには何よりもまず、身体の健全を計ることが第一でなければならないと諭され、そこで疾病療養についての済生関係が、しばしば経典に説かれています。

とくに「金光明経」が護国安民の経典として、みんなに迎えられた理由の一つとして、この医術方面の記述が、極めて豊富であることを挙げることができます。

すなわち、その内容の第十五「除病品」は、医術の奥義を究め、多数の病苦に悩む患者を救療した持水という名医と、もろもろの学問に通じて俊才のほまれ高い流水というその息子を登場させて、次のようなことが述べられているのです。

時は、はるか久遠(くおん)の大昔、天自在光王という国王の時代、国内に悪疫が流行して多くの人々が次々と病床に倒れて苦しみ、その様は見るも悲惨な状態だったそうです。その有様を見た心のやさしい流水は、じっとしていることができず、

「医術にすぐれた腕をもっているお父さんなら、みんなの病気を治してあげることができるだろう。しかし、すでに齢をとられていて、多くの患者を一人一人巡療することはできそうにない。それなら、せめて自分が、これからお父さんのところへ行って医術の極意を教えてもらい、お父さんに代って、一時(いっとき)も早く病人の苦しみを治してあげることにしよう」

と考え、さっそく父の持水を訪ね、その心情を話して医療のやり方を授けてほしい、と懇願したのです。

それを聞いた持水は、大変喜んで、

「頭の良いお前なら、わしに代って治療ができるにちがいない。よく覚えておくがよい」

といって、さまざまな病気の病源や病状、そして治療法などを、こと細やかに教えるのです。

したがって「除病品」は、一つ一つの病気について治療の方法、時期、看護の仕方など詳細な専

門的記述を、その内容としています。

それゆえ、これは古代インドの医術を知る上に、極めて貴重な資料であるだけでなく、その内容を現代医学に比較してみて、当時すでに驚くべき進歩を遂げていたことが知られるのです。

例えば治療に当って、いかなる病症でもその病状の末節にこだわることなく、病源そのものに着眼して、その根本を治療することが大切であると述べていること。また、医術を内科、外科というように八科に分類して、各科それぞれの専門を重んじて、決してこれを兼担してはならないとしていること、さらに医術というものは、これに従う者がまず慈悲仁愛の心をもつことが第一で、いやしくも私利私慾のために、これを行ってはならないと厳しく警告していることなど、そのまま現代に通用するほどの近代性をもっていることに驚嘆させられます。

こうして流水は持水の教授を受けて、もっぱらその治療に専念し、多くの人々の病苦を除き去ります。しかし、ほんとうの救済とは単なる肉体上の治療に止まらず、その精神をも救済するものでなければならないとして、その実践を述べているのが、次の第十六「流水長者子品」なのです。

この内容を簡単に述べますと、あるとき流水は二人の子どもと共に山へ行って、そこで旱天続きですっかり水が渇れてしまった大きな池で、一万尾もの魚たちが今にも死のうとしているのを見つけます。

そこで流水は、何とかしてその命を助けてやりたいと思い、国王に頼んで二十頭の大象を借り受け、革の袋に入れた水をどんどん運ばせて池に水を満たしてやります。

こうして危い命を助けたばかりでなく、流水は、それらの魚たちにありがたいお経を読んで聞かせるという法施を行いましたので、後に一万の魚たちはその功徳によって、ことごとく上天することができたという勝縁が説かれています。そして、この深い慈悲の心をもった流水こそ、とりもなおさずお釈迦さまの前生（本生譚）であることを明らかにしたものにほかなりません。

ちなみに、わが国各宗において行われている「放生会」という法会は、この物語がその起源になっているものです。

八匹の虎と王子

続いて、次の第十七「捨身品」はお釈迦さまの本生をさらにすすめて、よくみんなに知られている「捨身飼虎」の因縁が、極めて文学的構想のもとに感動的に描かれています。

その梗概を紹介する代わりに、これを「仏典童話」として私が作品化したものを読んで頂くことにしましょう。

*

三人の王子がいた。山へ、かりに出かけた。

鹿を追って山深くはいり、道に迷った。

崖があった。岩を伝って、下へおりた。

「あっ」

と息が止まるほどおどろいた。

岩かげに、大きな虎がうずくまっていたからだ。めすの虎だ。おそろしい顔をしていた。ガリガリにやせていた。飢えているらしい。

目がらんらんと光り、今にもワッと、とびかかってきそうだった。

「あぶない、逃げろ」

と、二人の兄の王子は、いっしょにさけんだ。さけぶなり、われ先に逃げだした。すべったり、ころんだりして、べつべつに逃げ出した。自分だけ助かりたくて、ほかの兄弟のことなど、かまっているひまがなかった。だからやっとのことで、御殿へ逃げ帰った二人の兄の王子は、一番下の弟の王子がどうなったか、何も知らなかった。

一番下の弟の王子は、一歩も逃げなかったのだ。鏡のように光っている虎の目を見返したとき、その虎が七四の子どもの虎を抱きかかえていることに気がついたからだった。七四の子どもの虎もガリガリにやせていた。よっぽど長い間、何も食べていないにちがいない。身動きもできないらしい。いやそれどころか、もう命たえだえに見える。母親の虎も同じことだ。子どもの虎より、もっと飢えているかもしれない。

そして七四の子どもの虎を抱きよせながら、間近に迫った死を鋭く目を光らせながら待っているにちがいない。

弟の王子は、ぐっと胸が熱くなった。

「わたしは、とても知らぬ振りなどしていられない。何とかして助けてやりたい」

弟の王子は、虎の方に向ってさっと走りよった。そうせずにはいられなかった。服をぬいだ。裸になった。そして、その身体を虎に食べさせるために、前に投げ出した。だが虎は王子の心がわかったのか、顔をそむけてとびかかってこない。王子は鼻先へ腕をすりつけた。口を開けて足をかませようとした。しかし、やっぱり虎は食べようとしない。

思いあまった王子は、落ちていた竹のはしを拾うと自分の首に突きさした。さっと生ぐさい血が、ほとばしり出た。そのにおいをかいだ虎は本能を呼びさまされたのか、はじめておそろしい顔になり、七四の子どもの虎といっしょにいきなり王子にとびかかり、その手や足にかぶりついた。

八四の虎はまるで餓鬼のようになって、みるみるうちに王子の身体を食べつくしてしまった。

こうして、今まさに絶えんとする八四の虎の命を救った王子の命は、あっというまにどこかへ消え去り、おりからの夕陽を受けて、崖の下には何事もなかったかのように白い骨だけがポツンと残されていた。

言うまでもなく、弟の王子はお釈迦さまの前生であるという。この「本生譚」は、今まさに餓死しようとしている八匹の虎を助けようとして、自分を捨てているのです。

*

しかも、そうすることによって何かの「はね返り」を求めるのではなく、なんの打算も計算もなく、そうせずにはいられないという気持ちからなのです。菩薩の大行である「慈悲」とは、そうしたものでなければならないことを明らかにしていると言ってもいいでしょう。

このように「金光明経」は、仏さまの正法を極めて明晰(めいせき)に説くことによって社会浄化、共存共栄の実をあげるところに焦点をおいているのです。それだけに広く一般の帰仰(きごう)を集め、護国経世(けいせい)の経典として多大の尊崇を受けたのです。

第七章　永遠のいのち――法華経

1　教えの精髄をまとめて

釈尊最後の大説法

「法華経」というお経は、ご存知のとおり古くから「諸経中の王」と尊ばれ、インド、中国、日本を通じて、これほど広く人々に親しまれ、敬われたお経は他にありません。

特に、わが国においては聖徳太子が、朝廷の役人たちに仏教の講義をするために取り上げた三つの教典の中に、最もすぐれたお教として「法華経」が入っており、自ら筆をとって『法華経義疏』（御物として現存）という解説書をお書きになったことは、あまねく知られています。

つまり、そのことはわが国の思想界に、また文化の上に「法華経」が、いかに重要な位置を占めるものであるかを、決定づけたものだと言えるわけです。

奈良朝時代になって「金光明経」「仁王経」とともに鎮護国家の三経と呼ばれ、三経中の随一として、諸大寺の数多い法会（法華千部会、法華三昧会、法華八講など）において講讃されたばかりでなく、これを書写することも、たいへんな功徳になると言われていました。

そこで、いわゆる写経の風習が朝野をあげて非常に流行し、いよいよ深く、いよいよ広く、わが国全体に広まっていったのです。

その後、伝教大師、日蓮聖人などの力によって「法華経」は、社会各層に定着し、例えば紫式部の『源氏物語』、清少納言の『枕草紙』などの作品の底辺に法華思想がにじみ出ているように、文化史の上に与えた影響をみても、極めて大きなものがあると言わねばなりません。

それでは、なぜ「法華経」が人々の心を、これほどまでに捕えたかと言えば、言うまでもなくそれは、

「お釈迦さまの教えの精髄がまとめられ、わたしたちの住んでいる宇宙のほんとうの相はどうであるか。人間とはどんなものか。どう生きねばならないか。人間と人間との関係は、どうあらねばならないか。ということについて、あますところなく教えられており、中でも、わたしたちにとって最もありがたいことは、人間の生命は無始無終、生き通しのものであること。すべての人間には仏性があり、だれでも努力次第で仏の境地に達しられるということを、諸法実相の真理に即して教えられている」（庭野日敬著『新釈法華三部経』一巻参照）という内容によるからなのです。

しかし、内容もさることながら「法華七喩」という有名な譬喩譚を七種類もあげて、一編の構成が終始、興味深く物語ふうに組み立てられているということ、また、その表現が分かりやすく、しかも荘重流麗で、それ自体が極めてすぐれた仏教文学になっているという経典の性格が、多くの人々の心を魅了したからだ、と言うことができます。

それでは、お釈迦さまは「法華経」を、いつお説きになったのかということについては、中国の梁の時代に出て、天台教学を大成した天台大師（智顗）がおこなった「五時教判」によれば、最初にお釈迦さまは「華厳経」をお説きになりましたが、その内容は高遠玄妙な正覚をそのままに述べられたもので、聞き手であった声聞、縁覚といった人たちは、まるで雲をつかむかのようで、少しもそれを理解することができませんでした。

そこで、今度は内容を平易にして、小乗の「阿含経」を説かれて、聞き手を誘い寄せ、それから「方等経」「般若経」を説かれて、だんだんと聞き手の理解を引き上げ、ご入滅の少し前になって大乗最勝の「法華経」をお説きになったとされています。

すなわちお釈迦さまは、いよいよご入滅の近づいたことを予知されて、これが最後の大説法だというお気持ちをこめて、お説きになったのが「法華経」だったというわけです。

説かれた時期については、正確なことは分かっていませんが、その場所ははっきりとしていて、マガダ国（現在のインド南ビハール地方）の首都で、王舎城外にある耆闍崛山（霊鷲山）で大説法がおこなわれました。

そして、それが文字によって表現され、経典として成立したのは仏滅後五百年から六百年、つまり紀元百年から二百年のころであろうと言われています。

「法華経」には、昔から六種類の訳本があったと言われていますが、今日に伝わっているものは、そのうちの三種類だけです。

適切絢麗な鳩摩羅什訳

すなわち、その一つは西晋の時代に竺法護によって漢訳されたもので、初めはそれを「薩芸芬陀利経」と言いましたが、のちに彼は、再びそれを改訳して十巻本にまとめ、これを「正法華経」と呼びました。

その次は姚秦の時代に、訳経者として稀有の才能を持ち、「訳聖」と言われた鳩摩羅什が漢訳した「妙法蓮華経」という題号の七巻本があります。言うまでもなく、これが日本に伝えられて、今もなお、広く人々に読誦されています。

今一つは、隋の時代に闍那屈多によって翻訳され、「添品妙法蓮華経」と名付けられた七巻本があります。

そして、それぞれに、その時代の呼称にしたがって「晋訳」「秦訳」「隋訳」とも言われていますが、原典が違っているためか、三訳の間には、かなりな不同がみかけられます。

内容的には「秦訳」がいちばん簡単で、「隋訳」がこれにつづき、「晋訳」は最も詳細に書かれています。

しかし、なんと言っても、その訳本の巧妙で美しいことにかけては「秦訳」、すなわち「妙法蓮華経」が、ずばぬけて傑出していますので、他をかえりみないで、もっぱらこの訳経が用いられているわけです。

鳩摩羅什は、インド人であったお父さんが、インドから中国へ向う途中にある亀茲(きじ)国へ行き、その国王の妹と結婚して生れた子どもでした。ですから国籍は亀茲国でしょうが、非凡(ひぼん)な才能の持ち主で、学徳ともに衆にすぐれていましたので、のちにインドへ留学して仏教をあまねく修行し、学問に磨きをかけて帰国しました。

そして彼は、中国へ出かけて教えを広めたいという望みを持っていましたが、当時の中国は戦乱に次ぐ戦乱がくり返され、国の興亡も大変に激しかったため、じっと国に止(とど)まっていたのです。ところが、姚秦という国ができると、その国王が鳩摩羅什の名声を聞いて、ぜひ来てほしいと招待しました。

すでに六十二歳になっていた鳩摩羅什は、この招きを喜んで受け、首都長安に出かけたのです。そして七十歳で亡くなるまでの、わずか八年の短い歳月に国師の待遇を受けながら、おどろくほど精力的に訳経の仕事に従事し、素晴しい成果を後世に遺しました。

外来者でありながら、漢語、漢文に極めて堪能(たんのう)で、適切、絢麗な言葉を自由に駆使することができる点においては、他のさまざまな訳経者たちの遠く及ばないところでした。

「妙法蓮華経」といい、さらに「維摩経」などが、そのまま仏教文学としての圧巻であると言われているのも、まことに「訳聖」の言葉どおり、神技とも言われる彼の鬼才の現れです。

このように「法華経」と言えば「妙法蓮華経」のことを指すと考えていいわけですが、現在、おこなわれているお経の構成が「二十八品」となっているのは、そのお経に欠けていた「提婆達多品」と「普門品」の中の偈頌が、「隋訳」のほうから編入されているからなのです。

極めて大づかみに、「法華経」という経典と社会、思想、文化との関連、その経典の成立過程、訳経の次第について述べてきましたが、次に、いわゆる「法華七喩」の譬喩譚の中から、その二、三をぬき出して、本経の重要な要素となっている教えについて平易に解説していくことにしましょう。

2 方便にこめた仏の慈悲

三車火宅の譬諭譚

さて、「法華七喩」の中で広く知られているものの第一は、譬喩品第三にあげられている「三車火宅の譬喩」でしょう。

その内容は、すでにご存じのことと思いますが、次のような譬喩譚です。

ある村に齢はとっていましたが、数えきれないほどの財産をもった、一人の長者がいました。とても広い家で、その中には下男や下女など、たくさんの人が住んでいましたが、出入りする門は、たった一つしかありませんでした。しかもその家は大変に古びていて、柱は腐り、軒は傾いて、いかにも危げな様子でした。

ところがある日、その家の片隅から火事が起こりました。家の奥には、子だくさんな長者の、まだ幼い子どもたちが遊んでいるのです。

外にいた長者は、おどろいて、「あの子どもたちを、なんとかして早く外へ連れ出さなければ、焼け死んでしまう。子どもたちを箱や机のようなものに乗せて、自分の力で一気に引っぱり出してやろうか」

と思いましたが、すぐに、

「いや、待てよ。この家には一つの狭い門しかないから、そんなものに乗せて運び出せば引っかかって、落ちて焼け死ぬ者が出るかもしれない。まずなによりも、火事のおそろしさを知らせることが大切だ」

と思い返しました。

そこで、急いで家の中へ駆けこみ、「早く外へ逃げないと、みんな焼け死んでしまうぞ」と叫びました。しかし、火事のおそろしさを知らない子どもたちは、ときどきお父さんの方をチラッと見るだけで、こわがりもしないで、夢中になって遊びつづけていました。

「こうなれば、嘘（方便）をついてでも、子どもたちを早く外へ連れ出すよりほかはない」

と、長者は考えました。そこで大きな声で、

「お前たちの大好きな羊の車と、鹿の車と、牛の車が外にならんでいるから、ほしければ早く行って、自分の好きな車を取るがいい」

と呼びかけました。

それを聞くと子どもたちは、いっせいに遊びをやめ、早く行って自分の好きな車を取ろうと、われ先に燃えさかっている家から飛び出して行きました。

こうして危いところを、みんな無事に助かりましたが、外にはお父さんのいった車がないので、子どもたちは口ぐちに、

「早く、車をくださいよ」

と、長者にせがみました。

そこで、かぎりない財宝をもっている長者は、真っ白な力の強い牛に引かせた、大きくて立派な車を、みんなに分けへだてなく与えました。

その車は高く、広く、回りに欄干（らんかん）をめぐらし、四方によい響きをたてる鈴がつってあり、上に

は美しい屋根が張られ、全体がさまざまな珍しい宝物で飾りたてられていました。

おまけに車の上には、柔かいふとんと、赤いまくらがおいてあり、横になりながら、ゆったりと乗っていけるようになっていました。それに真っ白で美しい牛の足なみは、いつも穏やかで正しくととのっており、しかも風のように早く走ることができるというのですから、なんとも素晴しい車でした。

それでは、そんな素晴しい車を長者は、なぜ子どもたちに分けへだてなく与えたのでしょうか。

それは、子どもたちが、みんな自分の実（じつ）の子であり、どの子が特別に可愛いなどという気持ちはさらさらなく、どの子も可愛くてたまらなかったからです。

そんな子どもたちに、つまらない車など与えたくはありません。いちばん優れた車である大白牛車（だいびゃくごしゃ）、その素晴しい車を与えてやらずにはいられなかったのです。

しかも長者は、そんな素晴しい車を、たくさんある蔵（くら）の中にいっぱいもっていました。だから、ただ子どもたちだけでなしに、国中の人たちにも、だれかれなしにあげたいとさえ思っているのでした。

思いがけず素晴しい車をもらった子どもたちは、さっそくその車に飛び乗り、いかにもうれしそうに、はしゃぎまわっていました。

これが「三車火宅の譬喩」と呼ばれている名高い話ですが、経典には引き続いて、その譬喩の趣旨が、ねんごろに説き示されています。

すなわち、それによりますと「長者」はお釈迦さまご自身のことを指し、「子どもたち」とは一切衆生のこと、「広い家」とは、わたしたちが住んでいるこの娑婆世界のことで、それがいわゆる欲界、色界、無色界の三つの境界のことで、欲界とは食欲淫欲などさまざまな欲望が満ちている境界、色界とは物質に振り回される境界、無色界は物質的な思いを厭い離れた、精神的な境界のことですが、ひっくるめて、衆生が生死輪廻の流転をまぬかれない迷界のことです。

「家が古びて、危げな様子になっている」とは煩悩に心うばわれて、若しみに汚れ果てていることを指し、「たった一つの門」とは、その人生の苦しみや悩みから抜け出す門は、我を捨てるという、たった一つの道しかないという意味です。

また「火事が起こる」とは、常に燃えさかるおそろしい火（煩悩）に取り囲まれている、わたしたちの現実の実相を示し（火宅）、その中で「子どもたちが夢中に遊んでいる」とは、わたしたち凡夫はそのおそろしさに、いささかも気付くことなく、今、生老病死の苦しみのまっただ中にいながら肉体的な楽しみや物質的な満足に執着して、そこからなかなか解脱しようとしないことを表しています。

そこでお釈迦さまの大悲のみ心は、放っておけば焼け死んでしまう衆生を、黙って見すごすことができないのです。

「駆けこんで、早く逃げよ」というのは、いきなり甚深の大法を示して早く解脱させようとしたわけですが、根っからそれを受けとめようとしないので、やむなく羊、鹿、牛の三車の方便を用いて、おそるべき災厄から逃れさせたというのです。

「三車」とは「三乗の法門」のことで、三乗とは声聞、縁覚、菩薩の三つで、おのおの修業を積んでその境地に達することを教えるのが、いわゆる小乗の教えです。

一方、あくまでもそれは解脱への方便にすぎないのであって、お釈迦さまのご本心は一仏乗、すなわち三界を解脱して仏果の大悟に入らしめようというところにあったわけで、これこそが真実大乗の教えであるわけです。

かくて最後に子どもたちに、さまざまな力と徳をもった大白牛車という素晴しい車と、「分けへだてなく与えた」ということは、可愛くてならないわが子と同じように、分けへだてなく一切衆生を唯一の目あてである仏果の大覚に帰入させたいということです。そして子どもたちは、それに乗って、かってない喜びに震えながら、はしゃぎまわったのです。

経典には、この「三車火宅の譬喩」を説き終ったあとすぐに、お釈迦さまが舎利弗に向って、

「長者の所作は、子どもたちを騙した不善の行為だろうか」

とおたずねになりました。そこで舎利弗は、

「不善の行為どころか、それこそまことに貴い方便の所作というべきでしょう」

と答えますと、お釈迦さまは、

「そうだ、そのとおりだ。わたしの衆生救済の本意も、要するにそのほかにはないのだ」

と、満足そうにうなずかれたと記されています。

「嘘をつく」（方便）とは、虚偽欺瞞（きょぎぎまん）ということではなく、一仏乗に至るまで仮説として誘引の方法ですから、その価値はまことに高く、そのままありがたい真実であると言わなければならないのです。

すなわち、三乗の教えはあくまでも方便で、その境界に止（とど）まるべきでなく、仏果一乗を期さなければなりません。そのことを「開三顕一（かいさんけんいつ）」と言います。

しかし、取り違えてならないのは、三乗の修業に励んでいる者も気が付いてみると、そのままに一仏乗の高い境地に住まわせてもらっているのだということです。

とにかく、この話は「法華経」のありがたい眼目の一つを、実に巧妙に表現した譬喩譚として、深く味わわなければならないと思います。

3 仏子である身に気づかず

長者窮子の譬喩譚

前の「三車火宅の譬喩」に次いで、今度は信解品第四に説かれている「長者窮子の譬喩」ですが、これも大変に有名な譬えて、その内容の巧緻さにおいては、「法華七諭」中の第一と言ってよいかも知れません。

「長者」は、言うまでもなく金銀財宝をたくさんもっている大金持ちのこと。

「窮子」というのは、困窮して、さすらい歩く落ちぶれた息子という意味です。経典には、もっと詳しく書かれていますが、そのあらましは、次のような内容です。

長者の一人息子だったある人が、幼いころに親を捨てて家出をし、長い間、貧乏暮らしをしながら諸国をさまよい歩き、五十歳ぐらいになってから父の家の方へ、いつのまにか舞いもどっていました。

一方、親である長者は、八方手を尽くして息子の行方を捜しましたが、なかなかみつからないので、人の多く集まる市中に宏壮な邸宅を構えて、絶えず捜索を続けていました。

さて、ある日のことです。そのころ日雇い人夫として働いていたその窮子が、偶然にも父の邸宅の前にきて中をのぞくと、見るからに高貴なお方が、大勢の召使いに囲まれて獅子の皮の椅子に腰かけ、七宝の肘掛けにもたれているのが目につきました。

窮子は、あまりの身分の違いに驚き、

「ぐずぐずしていて、あんな偉い人に見つかって捕えられたら、むりやりに働かされる」と思って、急いで逃げ出したのです。

ところが、長者がふとその窮子を見たとき、それがすぐ自分の子であることに気がつき、そばの者に、

「あとを追って、連れてこい」

と、言いつけました。

まもなく、使いの者が窮子を捕えると、

「わたしは、何も悪いことはしていません。捕えて殺すのは、やめて下さい」

と、おびえて暴れまわり、無理に長者の前へ連れてこられるや、恐怖のあまり気を失って倒れてしまいました。

長者にとっては、長い間捜していた一人息子に、やっと会えた喜びで胸はいっぱいでした。しかし、今ここで親子の名のりをしても、窮子には通じないのではないかと考えて、だまってそのまま彼を帰してやったのです。

それから、しばらくたって、二人のみすぼらしい人夫を窮子のもとへやり、

「どうだ、おれたちと一緒に長者の家で働かないか。仕事は便所やドブの掃除だが、そのかわり賃金は倍ももらえるぞ」

と上手に誘って、長者の屋敷で働くようにしたのです。

その後、窮子が喜んで働いているのを見て長者は、わざと粗末な着物をまとい泥にまみれた姿で人夫たちのところへ近づき、

「しっかり働くんだよ」

と親しげに話しかけ、窮子の警戒心を解きほぐしました。

そして、しばらくして、「お前は、たいそう働いてくれるので賃金も上げて、必要なものは何でもあげるから、これからも安心してここで働いてほしい。わたしは、お前をわが子のように思っているから、仕事をするときは怠(なま)けたり、欺(だま)したり、怒ったり、恨(うら)んだり、憎んだりしてはいけないよ」

と、やさしく話しました。

窮子は大変に喜んで、それからも長者によく仕えましたが、自分はよそからきた卑(いや)しい人間だという根性は、どうしても抜けきれませんでした。

そこで長者はそれから、二十年という長い間、窮子に汚い仕事を続けさせました。

ところが、そのうちに長者は、病気にかかり、自分の命が残り少ないことを悟って、窮子を呼

んで申しわたしました。

「蔵いっぱいにある金銀財宝は、全部、お前にまかせるから、蔵を調べてその量を知り、他からどれだけのものを受けとり、どれだけを他に与えればよいかなど、すべてを知っておいてほしい」

そして、窮子の心から卑屈で、オドオドする気持ちがなくなり、一切の財産をとりしきる心構えがはっきりしてきたのを見て、長者は重い病の枕元へ親族、国王、大臣、武士、富豪などに集まってもらい、そこで初めて、

「みなさん、実はこれが、わたしが長い間捜し求めていた息子です。今日から、わたしの一切の財産をこの子に譲ろうと思います。この子は、かねてから財産の支出、収入などを、ちゃんと承知しているのです」

と告げました。窮子は、長者のその言葉を聞いて、

「自分は、こんなことなど少しも考えていなかったのに、思わずも巨万の財産を譲ってもらいました。ほんとうに不思議で、ありがたいことです」

と、限りない父の愛情に、涙を流したということです。

仏はわが子を忘れ給わず

言うまでもなく、この譬喩譚における長者とはお釈迦さまのことを指し、「窮子」とは無始曠劫以来、果てしない流転の迷いを続けている、わたしたちを指

しているわけです。

譬喩というものは、必ず何かが譬えられている話ですから、すべてその裏には意味が秘んでいます。この「長者窮子の譬喩譚」を構成している、どんな小さな出来事のそれぞれの部分にも、実に汲めども尽きぬ深い味わいがこめられていることに、改めて驚かされます。

おそらく経典に出てくる、教えきれないくらいたくさんの譬喩譚のうち、その細部にわたる巧妙さ緻密さの点では、まったく群を抜いてすぐれたものです。それだけに、上っ面の解釈などでは、その入口さえも明らかにできないもので、わたしたち個々が、深く噛みしめるよりほかに道がないのではないかと思われます。

例えば冒頭の、長者の一人息子に生れながら親を捨てて家出し、あらゆる艱苦をなめながら、あてもなくさまよい歩き、人生もすでに晩年を過ぎてから、ひとりでに父の家の方へ舞いもどってきたという話を考えてみても、実にさまざまなことが、わが身の如実な姿として思い浮かんできます。

長者の一人息子に生れているのですから、おのずから親の財産を継承するありがたい資格をもっているのですが、それに気づかず、何の理由もなく親を捨てて家出し、貧乏暮らしを続けます。そして、いつか五十路を過ぎて知らず知らずよろめく足を父の家の方へ向けているというわけです。

親の財産を継承するありがたい資格とは、言うまでもなく、わたしたち凡夫はもともと仏の子として無上殊勝の大果（仏の悟りという財産）を授与される「仏性」という資格をもっているのだということで、それに気がつかないのは凡愚盲闇のためであり、親を捨ててとは、その悟りを授けて下さる仏の愛情にそっぽを向いているということなのです。

また家出するとは、三界にさまよい出るということで、当然、苦界での暮らしは、困苦に満ちていることは言うまでもありません。

そして、自らは「仏性」を具有し、仏になれる身であることに気づいていないものの、知らず知らず仏さまの教えに心が向いているのです。

もちろん、これだけの出来事でも、まだまだ縦横に屈曲して味わいを深めていくことができるわけで、その奥深い境地で受けとられたとき、この譬喩譚は言いようのないありがたさで、わたしたちの心を震わせるにちがいありません。

法華経の世界のありがたさは理屈ではなく、ありがたさそのもののなかにあると言うべきでしょう。

ともかくも、この話の他の部分について解説を述べるまでには至りませんでしたが、経文に「我雖年朽、猶故貪惜（我年朽ちたりと雖も猶故貪惜す）」、すなわち「わたしたちが仏に背き仏に気がつかなくとも、背いてから何十年経とうとも、仏は決してわたしたちをお忘れなく、変らぬ愛情をもって、じっと見守り続けて下さるのだ」と述べられているように、仏さまの広大な慈悲心に抱かれている身を感佩しながら、「仏性」の本具を信解することが、なによりも大切なことと言わねばなりません。

4 平等大慧の恵みの雨

三草二木の譬喩　「法華七喩」については、すでに「三車火宅の譬喩」と「長者窮子の譬喩」の二つに述べました。このあとに「三草二木の譬喩」「化城宝所の譬喩」「衣裏繋珠の譬喩」「髻中明珠の譬喩」、そして「狂子良医の譬喩」の五つがあり、いずれも巧妙な譬喩ですが、今度は、そのうちの「三草二木の譬喩」一つをとりあげることにしましょう。

ただ、それは経文そのままの紹介ではなく、その譬喩から私が取材して書いた『ふしぎな雨』という仏典童話を通じて、述べさせて頂きます。

＊

もう長いあいだ、ひとしずくの雨もふらない。空は、にくらしいほど　青くすんでいた。

その空に、陽が、ぼうぼうと　燃えていた。

＊

川は、からからに　かれていた。井戸も、ちょっとしか　水がわかなくなった。その水を　人々は　あらそって　水つぼにくんだ。

「まるで地獄だよ」と、やせたおばあが　力なくいった。

「のどがかわいて、死んでしまいそうじゃ。つめたい水を　いっぱい、ぐうっとのんで、死にたい」

＊

たんぼは、かさかさにかわいて、ひびわれが走っていた。

稲の葉は、色があかちゃけて、ぐにゃっとしていた。ぐにゃっとしたまま、焼けつくような陽ざしをあびていた。

そよとも、風がふかない。

＊

山の大きな木も、ちいさな木も、枝をだらりと、たれていた。

葉っぱは、ちぢみあがって　しょんぼりしていた。

よく見ると、葉っぱのかげに　小鳥がいた。

元気ものの、もずだった。

だが　もずも、病人のように　元気がない。

目をつむって、ふらふらしていた。

＊

野っ原も、墓場のように　しんとしていた。

どの草も、よりかかるようにして、やっと立っていた。

せっかく　まっ赤な花をさかせた　おしろい花も、花びらを　べしょっとたれて　やっと息をしていた。

＊

人も、木も、山も、野も、

「あっ」と、さけんだ。

空に　ぽつんと、黒い雲が　浮かびあがったからだ。黒い雲は、みるみるうちに　空いちめん

に　ひろがった。あたりが　くらくなった。いなびかりが、走った。かみなりが、遠くから　ひびいてきた。

人も、木も、山も、野も、じっと　息をのんだ。

＊

と、思っているまもなく、雨だ。大つぶの雨が、人も、木も、山も、野も、たたきつけるように　ふりだした。ものすごい　ふりようだ。しぶきが　八方にとびちっている。雨ぎりがたって、あたりが　ぼうっと　かすんだ。だが、ふりかたは、いよいよはげしくなるばかりであった。

＊

井戸ばたにいた人たちは、びしょぬれになって、「ふったぞ、ふったぞ。雨がふったぞ。ふれ、ふれ、もっとふれ」と、おどりあがってよろこんだ。

＊

ひびわれのいった　たんぼは、ながれこむ水をすって、たちまち、くろぐろとかがやいた。雨にたたかれながら、ぐにゃっとしていた　稲の葉が、しゃんとつっ立って、うれしそうに、ゆらいだ。

＊

山の木という木は、枝を　ざわざわとならして、ずぶぬれになった。ちぢみあがっていた葉っぱは、いきいきと　元気をとりもどした。もずも、目を光らせて、

「きーっ、きーっ」とするどくないた。

＊

野っ原は、みているまに、こおいみどりをとりもどし、草のにおいが、たちこめた。
おしろい花は、雨にたたかれ、かたむきながら、花びらをぐっともちあげた。

＊

雨は、地面の上にある、ありとあらゆるものの上に、へだてなく、ふりそそいだ。雨は、人も、木も、山も、野も、そのほかの　ありとあらゆるものに、それぞれのよろこびを、あたえて、今

も　はげしくふりつづいていた。雨は、すべてのものの命をすくったのだ。

ほとけさまの　おめぐみというものは、このふしぎな雨だ。

＊

恵みの雨を受けて

繰り返して言うまでもありませんが、大ひでりが続いて三千大千世界（宇宙）の山や川や谷間や平地などに生えている樹木、叢林、薬草など、その種類も名前も形もそれぞれに違っている千差万別すべてのもの（もちろん草木だけでなく、生きとし生けるもの全部を含めて）が、死に瀕する苦しみの中で、ひとしずくの雨をひたすらに渇望しているとき、たまたま密雲が空いっぱいに広がったかと思うまもなく、しのつく雨が沛然とやってきて、それらすべてのものの上に、わけへだてなくふりそそいだというわけです。

「お経」には、「小さな根も、小さな茎も、小さな枝も、小さな葉も、また中ぐらいの根も、中ぐらいの茎も、中ぐらいの枝も、中ぐらいの葉も、あるいはまた大きな根も、大きな茎も、大きな枝も、大きな葉も、雨は等しくうるおしてくれた」というような、極めて克明な表現をとっています。とにかく、このように恵みの雨は平等一味で、言うまでもなく仏の教えというものは、そういうものだということを示しているのです。

ところが、その慈雨を受ける草木のほうは、種類といい、大小といい、千差万別ですから、おのずからその受け取り方が違います。

そして、結果においてはそれぞれに違った性質に応じ、違った生長の仕方をし、違った花を咲かせ、違った実を結ぶのです。

そのことを経典には「雖一地所生、一雨所潤、而諸草木、各有差別（一地の所生、一雨の所潤なりと雖も、而も諸の草木おのおの差別あるが如し）」と述べていますが、「一地所生」とは同じ土地から生じたものということで、「一雨所潤」とは同じ雨に潤されるということです。

すなわち、人間というものはその本質においては、まったく平等であり、仏の教えとはそういう人間を真実のあり方へと導いていく、ただ一つのものであるというわけです。

しかし、雨を受ける草木である衆生の機根は千差万別ですから、性能にしたがって受け取り方が異なり、ある者はこれを大つぶの雨（大乗）と受け取り、ある者は小つぶの雨（小乗）というように差別して受け取るというのです。

そのことを「三草二木の譬喩」と言います。が、薬草には大、中、小の三草、大、小の二木の違いはあっても、恵みの雨を受けると、そのすべてが育てられて薬草になるように、衆生にはその性質、能力の点でさまざまな差はあっても、仏の教えを受けるといつかは等しく悟り、世を救う者となることを教えているのです。

「つまり、この譬えにこめられた眼目は（仏法の救いの形の上に現れた差別相と根元における平等相を知れ）ということであります。わたしたちは仏道を修行する上に、常にこのことを念頭において、すべての教えを受け取っていかねばなりません」（『新訳法華三部経』薬草喩品）という文を引用して、この譬喩を味わう結末としましょう。

以上、「法華七喩」から三つの有名な譬喩を抜き出して、それぞれに極めて平明な解説をしてきましたが、その片鱗（へんりん）もお伝えできなかったのではないかと思います。

ただ、これが一つの契機となって、汲めども尽きぬ深い味わいをひめている大経典「妙法蓮華経」へ、一歩でも直に近づいて頂ければ幸いです。

第八章　その他の大乗仏典について

1　諸経の梗概

今まで、大乗仏典の代表的なものとして「勝鬘経」「維摩経」「浄土三部経」「華厳経」「金光明経」「般若経」「法華経」をとりあげ、極めて粗雑ながら、その大要を述べてきました。そこで最後に、その他の大乗仏典として一般に広く知れわたっていると思われるものについて、ここで簡単な説明を加えておきたいと思います。

大日経　真言宗では、根本聖典の一つとされている経典で、大日如来（毘盧遮那仏）がその宮殿において金剛薩埵や、その他の菩薩たちに向って自らの悟りを説法されたのがこの経の内容です。

すなわち、宇宙の森羅万象はことごとく法身仏の現れであり、一切平等無差別であるにもかかわらず、そこに差別があると見たり、善とか悪とか区別するのは、本来清浄であるはずの心（仏性）が汚れているからで、その汚染を除去しなければならない。その方法として十縁生句を説明し、即身成仏を明らかにした経典です。

理趣経　やはり、密教の経典の一つです。仏教では、欲望は悟りへの妨げになるから、これを排除せよというのが普通です。しかし大乗仏教では、必ずしもこれをなくせというのではなく、よくこれを調御して有効に使うべきだという立場をとっています。ところが、この経典ではその欲望を肯定し、その本然の力を十分に出しきったとき、分別思慮を超えた絶対的境地に入ることができると説いているのです。そんなところから、この経は、男女和合の境地を至上だと説いているものと解されて有名ですが、もちろんそれは誤りで、その真意は、人間存在の理想としての即身成仏を表しているわけです。

観音経　昔から非常によく読まれている経典ですが、これはもともと独立した経典であったものが、いつのまにか「法華経」に吸収され、巻八観世音菩薩普門品第二十五となって、格別に信仰されています。

内容は、言うまでもなく観音菩薩の救済を説いたもので、観音に十一面観音とか、千手（せんじゅ）観音、馬頭観音、魚籃（ぎょらん）観音、水月観音などと、さまざまな呼び名があるのは、その救済が一切衆生に、あまねくゆきわたっていることを示すものなのです。

例えば千手観音は、千手千眼観音とも言い、二十七のお顔と四十二本の手をもっておられるわけです。正面の二本の手はご自分の手で、他の四十本は衆生救済の手、そして、その手の一本一本に二十の迷いを救う力があり、この二十五に四十を掛けて千手観音というわけで、一般大衆に親しまれているものです。

梵網経

この経典の正式の名前は「梵網経盧舎那仏説菩薩心地戒品第十」といい、梵本では百二十巻・六十一品という大部なものでしたが、そのうちの戒律に関するものだけを三巻に抄訳した経典です。

そこには大乗仏教の修行者が守らなければならない戒律、すなわち十重禁戒（殺すな、盗むな、邪淫するな、妄語するな、酒を飲むな、人の名誉を損なうな、うぬぼれるな、財施を惜しむな、怒るな、仏教を軽んずるな）という規定を示し、在家、出家の別なくこれを守らなければ、仏の位に入ることができないことを説いていると受けとっていいでしょう。また大乗戒の根本聖典で、律宗をはじめとして各宗でも重んじられ、わが国の国民思想に及ぼした影響も、大きなものがあったと言わなければなりません。

大集経

正しい名前を「大方等大集経」といいますが、「方」は人々を広く救うということで「等」とはいろいろな仏の教えを等しく説くという意味です。

お釈迦さまが十方の仏や菩薩を集めて、大乗の法をこまごまと述べられた六十巻から成る大部な経典です。

盂蘭盆経

この経典の内容は、よく知られている目連尊者のお母さんの故事です。すなわち、お釈迦さまの弟子目連が餓鬼道におちて痩せ衰えた母を見て、鉢に食物を盛って与えます。ところが、食べようとすると食物がたちまち火となって然えあがり、お母さんは食べられません。その母の倒懸（さかつるし）の苦しみを見た目連は、涙にくれながらお釈迦さまに、

「母の罪は重く、私一人の力では、どうすることもできません。何とかして助ける方法を教えて下さい」

とお願いします。するとお釈迦さまは、

「七月十五日の衆僧の自恣の日（夏安居の終り、会集の僧が互いに懺悔を行って、他の僧から訓戒を受ける行事のある日）に、七世の父母のために百味飲食五菜を供えて、ねんごろに衆僧に供養して、その力にするがよい」

と教えられました。

その日を待って目連が、お釈迦さまに教えられたとおりにしますと、お母さんは餓鬼道の苦しみから逃れることができました。それが現在、わが国でも年中行事の一つとして広く行われている盂蘭盆会の起源になっているのです。

首楞厳経

「首楞厳（しゅりょうごん）」というのは三昧（禅定）ということで、健相とか堅固、あるいは勇健という意味をもった言葉です。

すなわち、いかなる悪魔の誘惑や障害があっても、それによって弛緩（しかん）したり、破壊されたりしない健強な精神をいうのです。そして、その健強な精神をもって菩薩の修業を続け、衆生が本具的にもっている仏性を開覚すべきことを説いているのが、この経典の主眼です。このように三昧を主眼としているところが、禅宗などに重んじられているわけです。

無量義経

お釈迦さまが「法華経」を説かれる前に、序文的にお説きになった経典と言われ、古来「法華三部経」の一つに数えられています。

「無量義」という言葉は、現象世界の奥に真実の世界があり、その実体は構造的には広大無辺で、機能的には無量無数であることを表しているのです。

そして、その世界をしっかりと把握して修行するならば、必ず最高無上の悟りに達することができると説くのが、この経典の内容です。それを実践するためには、悲しみとあわれみと施しの心をもち、自らにとらわれる心を捨て去らなければならないことをすすめています。

如来蔵経

その経名が示しているように、衆生の煩悩の中にあって、しかもそれによって汚染されることのない如来蔵（仏になりうる可能性）の実在することを説き明かそうとしているのが、その内容の中心眼目です。（以上の諸経は、水野弘元監修『新仏典解題事典』、中村元監修『新・仏教辞典』吉田竜英著『仏教聖典の解説』松濤弘道著『お経のわかる本』、深浦正文著『仏教文学物語』を参照)

以上、あげました経典のほかにも、ご紹介したかった経典に「大般涅槃経」「楞伽経」「般若三昧経」「孔雀明王経」「解深密経」などがありますが、都合で省略せざるをえませんでした。

2 仏への道を求めて

たくさんの参考書に力を借りながら、いちおう重要だと思われる大乗仏典に取り組み、極めて難解な内容や特色を、どなたが読んでも容易に理解できるように解説してきました。しかし、そのいずれもが、軽く表皮をなでる程度のものにしかならなかったことを、申しわけなく思っています。

が、不十分な内容ながら、この本を読み続けて下さった皆さま方に対して、さらに深く大乗仏典に近づこうとする意欲、また少くともその契機をつくったのではないかと、秘かに考えています。

というのは、とりあげた諸経に共通する強靱なバックボーンが、私の説明不十分さにかかわりなく、鮮烈な印象となって皆さまの心に残っているにちがいないと思うからです。

言うまでもなく、このバックボーンとは『大乗仏典のこころ』です。小乗仏教では仏と呼ばれるものはお釈迦さまと、遠き未来に仏になると言われている弥勒菩薩だけで、それ以外のものは可能性がないとされています。

これに対して大乗仏教では、わたしたちすべての人間が例外なしに仏になることができる可能性、すなわち如来蔵を具えているのだとしています。そのことを自覚し、仏への道を激しく志向することこそ、『大乗仏典のこころ』だといわねばなりません。

また、おのずからそのことが、さらに深く大乗仏典に近づこうとする意欲をかりたてるに違いないと思うのです。私はひたすらそのことを願いながら、この拙ない解説を終ることにいたします。

著者略歴

花岡 大学（はなおか　だいがく）

1909年奈良県吉野に生まれる。龍谷大学卒業後、児童文学作家として活躍。京都女子大学教授を経て、奈良文化女子短期大学教授。京都女子大学名誉教授。1961年小川未明文学奨励賞、1962年小学館文学賞、1977年正力松太郎賞を受賞。1988年１月逝去。

著書

『虚仮記』『新・仏教童話全集　全８巻・別巻１巻』『花岡大学　仏典童話全集　全８巻』『花岡大学　続仏典童話全集１・２』『仏典童話新作集　全３巻』『花岡大学　童話文学全集　全６巻』『東大寺の伝説』など多数。

新装版　大乗仏典のこころ

一九八〇年一月二八日　初　版第一刷発行
二〇一八年八月二〇日　新装版第一刷発行

著　者　花岡大学
発行者　西村明高
発行所　株式会社　法藏館
京都市下京区正面通烏丸東入
郵便番号　六〇〇－八一五三
電話　〇七五－三四三－〇〇三〇（編集）
〇七五－三四三－五六五六（営業）

装幀　山崎　登
印刷・製本　亜細亜印刷株式会社

ISBN 978-4-8318-6557-1 C0015